로지컬 씽킹

ロジカル・シンキング

照屋華子, 岡田恵子 著

東洋経済新報社 刊

2001

LOGICAL THINKING

by Hanako Teruya, Keiko Okada

Original Japanese edition published by TOYO KEIZAI INC., Tokyo.

Copyright ⓒ 2001 by Hanako Teruya, Keiko Okada

All rights reserved.

Korean Translation Copyright ⓒ 2019 by The Business Books and Co., Ltd.

This Korean edition published by arrangement with TOYO KEIZAI INC., Tokyo

through BC Agency, Seoul.

맥킨지식 논리적 사고와 구성의 기술

로지컬 씽킹

데루야 하나코, 오카다 게이코 지음
김윤경 옮김

LOGICAL
THINKING

비즈니스북스

옮긴이 **김윤경**

한국외국어대학교를 졸업하고 일본계 기업에서 무역과 통번역을 담당하다가 일본어 전문 번역가의 길을 가고 있다. 출판번역 에이전시 글로하나의 대표이기도 하다. 번역한 책으로는 《철학은 어떻게 삶의 무기가 되는가》, 《나는 단순하게 살기로 했다》, 《인생 절반은 나답게》, 《나는 상처를 가진 채 어른이 되었다》, 《적당한 거리를 두세요》, 《불편한 사람과 편하게 대화하는 법》, 《결국 성공하는 사람들의 사소한 차이》, 《나는 착한 딸을 그만두기로 했다》 등이 있다.

로지컬 씽킹

1판 1쇄 발행 2019년 7월 29일
1판 21쇄 발행 2024년 10월 16일

지은이 | 데루야 하나코 · 오카다 게이코
옮긴이 | 김윤경
발행인 | 홍영태
편집인 | 김미란
발행처 | (주)비즈니스북스
등 록 | 제2000-000225호(2000년 2월 28일)
주 소 | 03991 서울시 마포구 월드컵북로6길 3 이노베이스빌딩 7층
전 화 | (02)338-9449
팩 스 | (02)338-6543
대표메일 | bb@businessbooks.co.kr
홈페이지 | http://www.businessbooks.co.kr
블로그 | http://blog.naver.com/biz_books
페이스북 | thebizbooks
ISBN 979-11-6254-094-7 03320

로지컬 씽킹의 기본기를 쉽게 익힐 수 있는 책

일본에서 '로지컬 씽킹' 붐을 일으킨 이 책은 20년 가까이 꾸준히 읽히는 스테디셀러다. 요즘도 일본의 대형 서점을 가보면 로지컬 씽킹을 주제로 한 신간들 사이에서 여전히 진열되고 있다. 우리나라에서도 이 책이 로지컬 씽킹의 개념을 다룬 효시라고 보아도 무방할 것이다.

비즈니스북스 출판사에서 이 책을 새롭게 출간하면서 내게 감수를 의뢰했을 때 반가운 마음으로 수락했다. 우선 평소 이 책이 로지컬 씽킹의 기본을 가장 충실히 설명하고 있으며, 책에 실린 풍부하고 정교한 사례가 로지컬 씽킹을 공부하고 배우고자 하는 이들의 이해를 돕는 데 가장 적합하다고 생각했기 때문이다. 그동안 로지컬 씽킹 강의를 하면서 이 분야의 많은 책들을 읽고 사례를 살펴봤지만 이 책에서 소개하는 사례와 예제의 해설만큼 이해하기 쉽게 정리된 책은 찾지 못했다.

고전은 시대가 바뀌어도 변함없이 많은 사람들에게 사랑받기 마련이다. 로지컬 씽킹 분야의 고전인 이 책 또한 여전히 많은 직장인들이 찾아 읽는 데에는 그만한 이유가 있다.

아울러 내가 감수를 선뜻 수락한 것은 기존에 출간된 책에서 미흡했던 점들을 정정하고 싶었다. 대표적인 것이 로지컬 씽킹의 핵심 개념 중 하나인 MECE(Mutually Exclusive and Collectively Exhaustive)에 대한 설명이다. 그동안 MECE는 '중복, 누락, 착오가 없는 상태'로 번역됐고, 이 책이 해당 분야의 효시와 같은 존재다 보니 국내에서 많은 사람들이 그대로 사용해왔다. 그러나 사실은 '중복, 누락, 혼재가 없는 상태'가 올바른 번역이다. 원래 MECE는 로지컬 씽킹 분야에서 '서로 겹치지 않으면서 빠진 게 없고, 다른 내용이 섞이면 안 된다'는 뜻으로 사용된다. 일본어 원서에 쓰인 'ずれ'(즈레)는 엇갈림, 어긋남 등의 뜻인데 여기서는 기준에 어긋난 정보가 뒤섞여 있다는 의미로 보는 게 적절하다.

그리고 중복과 누락도 다 착오에 의한 것으로 볼 수 있으므로 이 난어를 '착오'라고 번역한다면 뜻이 제대로 통하지 않는다.

로지컬 씽킹은 기획, 문제 해결, 전략적 사고, 보고서 작성, 프레젠테이션 등의 업무 스킬을 향상시키는 데 있어 기본이 되는 역량이다.

실제로 이런 업무 스킬을 교육하는 단체나 기업의 연수 커리큘럼을 보면 MECE가 빠짐없이 등장하며, 이를 중복, 누락, 착오가 없는 상태라고 설명하고 있다. 하루빨리 이 용어의 개념이 올바르게 정립되었으면 하는 바람이다.

끝으로 이 책을 읽는 독자에게 부탁하고 싶은 점이 있다. 로지컬 씽킹에 대한 개념을 충분히 이해하는 것이 우선이지만 그다음으로는 책에서 소개하는 다양한 사례들을 꼼꼼하게 읽고 어떻게 논리적으로 구성되었는지 확인하며 이를 스스로 적용해보는 과정을 반드시 거쳤으면 한다는 것이다. 이 같은 노력을 통해 독자 여러분의 업무 효율은 높아질 것이며, 주위에서 일 잘한다는 이야기를 듣게 되리라 생각한다.

현창혁

당신도 논리적 전달자가 될 수 있다!

변화된 비즈니스 환경이 요구하는 로지컬 커뮤니케이션

기업을 둘러싼 환경은 최근 크게 달라졌다. 거품 경제가 붕괴된 후 지금껏 유례없는 장기적 경제 침체가 지속되고 있다. 예전과 달리 배당을 요구하는 주주들의 압박까지 커진 가운데 저성장 시대에 수익을 올리려면 어떻게 해야 할까.

　대기업이라고 해서 무사태평하게 있을 수만은 없으며 생존을 위해 피나는 노력을 기울여야 한다. 기업 간 인수 합병 또한 흔히 일어나는 시대이므로 지금까지보다 철저히 사업을 재확인해야 한다.

　이런 흐름 속에서 비즈니스 커뮤니케이션 영역에도 큰 변화가 일어나고 있으며, 다양한 업종의 최전선에서 일하는 사람들은 다음과 같은 문제의식을 드러내기에 이르렀다.

　"솔루션solution 제안형 영업을 하려면 우리가 고객의 문제를 어떻

게 인식하는지, 또한 그 문제를 시스템적으로 어떻게 해결할지 설득할 필요가 있다."— 컴퓨터 네트워크업

"뭐가 문제인지 확실히 모르는 고객조차 조치를 취해야 한다는 위기의식이 높다. 고객의 문제를 정확하게 파악해 올바른 대안을 제시하는 능력이 중요해졌다."— 서비스업

"공급자와 새로운 관계를 구축해야 한다. 현재 어떤 상황인지, 왜 새로운 사고가 필요한지, 자사는 무엇을 하고 싶은지, 그리고 목표를 이루기 위해 무엇을 바라는지 등을 공급자에게 확실히 이해시켜야 한다."— 제조업

"현장에서 인력이 부족하여 업무에 쫓기다 보니 커뮤니케이션 기회가 줄어든 탓일까. 보고나 공고 정보가 정확하게 전달되지 않는다. 정보를 발신하는 부서나 조직은 이제껏 해왔던 것보다 더욱 핵심을 명확히 전달해야 한다."— 서비스업

"업계 재편의 바람이 휘몰아치는 상황에서 타사와의 협력은 더 이상 남의 일이 아니다. 앞으로는 여태까지처럼 적당히 소통하고 대충 일을 진척시키는 방법으로는 어림도 없다. 배경과 문화가 다른 사람과도 논리적으로 차근히 논의하고, 자신의 의견을 분명하게 전달해서 상대를 설득할 줄 알아야 한다."— 금융업

어떤 비즈니스든 커뮤니케이션 없이는 이루어지지 않는다. 비즈니스가 변화하면 당연히 커뮤니케이션도 달라져야 한다. 비즈니스에서 커뮤니케이션 상대는 고객, 거래처, 제휴업체는 물론이고 주주와 소비자 그리고 상사, 부하, 동료, 관련 부서에 이르기까지 무척 다양하다. 앞으로는 다양한 이해관계자에게 당신과 조직의 의사를 알기 쉽게 전달해서 의도대로 움직이게 하는 한편, 더욱 빠르고 확실하게 성과를 내야 한다.

이런 니즈에 부응할 수 있는 효과적인 방법이 바로 '로지컬 커뮤니케이션'Logical Communication이다. 쉽게 말해서 당신이 하고 싶은 말을 논리적으로 전달해 상대를 설득하고 원하는 반응을 이끌어내는 것이다.

누구나 반드시 논리적 전달자가 될 수 있다

대부분의 사람들은 로지컬 커뮤니케이션의 중요성을 인식한다. 하지만 아쉽게도 체계적 방법론을 알지 못해서 어떻게 의사를 전달해야 상대가 쉽게 이해할지 어림짐작할 뿐이다. 물론 경우에 따라 자신만의 방법이 통할 수도 있겠으나 재현성이 없어서 아주 능통한 분야라면 몰라도 전혀 새로운 주제나 과제에 부딪히면 속수무책이 되고 만다. 또한 자신과 더불어 부하까지 능숙하게 커뮤니케이션을 하도록 지도하기란 쉽지 않다. 조직 전체에 커뮤니케이션을 위한 공통 언어가 있는지도 관건이다. 만일 공통 언어가 있다면 다양한 활동에서 생산성을 한층 끌어올릴 수 있지만, 아니라면 한계가 있다.

이 책의 목적은 체계적이면서도 간단명료하고 실천적인 로지컬 커뮤니케이션 기법을 소개하는 데 있다. 필자는 로지컬 커뮤니케이션 분야의 스페셜리스트로 일하는 중이며 주요 업무는 경영 컨설팅이다. 컨설팅은 의뢰인이 안고 있는 갖가지 과제에 해결책을 제시하고 나아가 해결책을 실행하는 것을 지원하는 일이다. 이 과정에서는 의뢰인이 직면한 현상이나 과제에 대한 해결책을 논리적으로 설명하고, 이를 의뢰인이 이해하게 한 뒤 의사결정을 하게끔 하는 커뮤니케이션이 반드시 필요할 뿐만 아니라 매우 중요하다.

필자는 커뮤니케이션 과정에서 컨설팅 팀의 방안이 의뢰인 입장에서 정말로 알기 쉬운지, 또한 이치에 맞는 설득력을 갖추고 있는지 검증한다. 즉, 메시지를 전달받는 사람이 쉽게 이해하고 납득하도록 '내용에 부족한 점은 없는지', '제시된 정보로 정말 이 결론이 나오는지', '결론과 기타 요소를 어떻게 구성하면 좋을지'의 관점에서 조언하고 구체적 개선안을 내놓는다. 오랫동안 필자는 이런 업무를 해오고 있으며, 그간 체득한 '로지컬 커뮤니케이션 기술'의 핵심을 이 책에 담았다.

로지컬 커뮤니케이션 기술은 컨설팅과 전략안 같은 특정 영역에서만 효과를 발휘하는 것이 아니다. 고객 상담, 상품 설명 또는 회사 내에서의 지시와 보고, 연락 등 일상 업무에 바로 활용이 가능하며 충분히 위력을 발휘할 것이다. 이것을 굳이 '기술'이라고 부르는 까닭은 지금까지의 경험으로 볼 때 누구나 훈련을 거듭하면 습득할 수 있다고 확신하기 때문이다.

흔히 커뮤니케이션을 잘하는 사람을 두고 "저 사람이 쓴 글은 천부적으로 뛰어나.", "그의 화술은 타고난 재능이야."라고 말한다. 즉 우월한 센스와 감성에서 요인을 찾는 경향이 있다. 당연히 센스와 감성도 중요하지만 비즈니스 커뮤니케이션의 경우 토대를 단단히 구축한 뒤에 이런 요소를 함께 갖춰야 한다. 그 토대가 바로 로지컬 커뮤니케이션이다.

책의 구성과 특징

이 책은 3부로 구성돼 있다. 제1부(제1장, 제2장)는 논리적 전달자가 되는 첫걸음 단계로, 보고서 초안 작성 등을 통해 커뮤니케이션을 준비할 때 반드시 확인할 핵심 사항을 제시한다.

제2부(제3장, 제4장)에서는 전달자가 수집한 다양한 정보와 자료를 '논리'를 만드는 '부품'으로서 정리하는 데 필요한 '논리적으로 사고를 정리하는 기술'을 두 가지 소개한다. MECE와 So What?/Why So?다.

제3부에서는 각각의 '부품'을 '논리'로 조립하기 위한 '논리적으로 구성하는 기술'을 다룬다. 논리의 구조를 정의하고(제5장), 비즈니스를 실천하는 데 유용한 두 가지 논리 유형인 병렬형과 해설형을 소개한 뒤에(제6장), 그 활용 방법의 핵심을 짚어본다(제7장).

'논리적으로 사고를 정리하는 기술'인 MECE와 So What?/Why So?, 그리고 병렬형과 해설형이라는 두 가지 유형의 '논리적으로 구성하는 기술', 이 네 가지 기술을 갖춰 논리 구성까지 할 수 있게 되면 비로소 로지컬 커뮤니케이션의 토대를 갖춘 것이다. 그다음은 논리적으로 구성한 내용을 논리적으로 쓰고 말하는 단계다. 이 책에서는 쓰고 말하는 기술과 관련해 논리 구성까지 소개하도록 한다.

이 책은 당신이 이와 같은 기술들을 착실히 습득하고 활용할 수 있도록 다음의 세 가지 사항을 고려해 집필됐다.

첫째, 업무에 적용하기 쉽도록 공감이 갈 만한 현장 사례들을 최대한 많이 실었다.

둘째, MECE, So What?/Why So?, 병렬형, 해설형 등 네 가지 기술을 실제로 사용해볼 수 있는 '집중 트레이닝' 과정을 마련했다. 제3, 4, 6, 7장의 마지막 부분에 해설과 해답 사례를 제시한 예제, 해결 힌트를 덧붙인 연습 문제를 풍부하게 실었으니 도전해보길 바란다.

셋째, 중요한 점은 각 장마다 반복해 설명했다. 따라서 관심이 가거나 필요한 부분부터 골라 읽더라도 본문 내용을 충분히 이해할 수 있을 것이다. 아무래도 이 책을 처음부터 읽어나가는 것이 가장 바람직하지만 말이다.

비즈니스 환경이 쉴 새 없이 변화하는 가운데, 많은 사람들이 능력 개발에 상당히 큰 관심을 갖고 있다. 특히 모든 비즈니스에 반드시 필요한 기술인 로지컬 커뮤니케이션을 습득하는 데 이 책이 좋은 길잡이가 되어주길 바란다. 그렇게 된다면 필자로서 더없이 기쁠 것이다.

목차

| 제1부 |
글을 쓰거나 이야기하기 전에 알아야 할 기술

제1장 상대에게 전달한다는 것

제2장 설득력 없는 답변에 공통된 결함

| 제2부 |
논리적으로 사고를 정리하는 기술

제3장 중복, 누락, 혼재를 방지한다

제4장 이야기의 비약을 없앤다

| 제3부 |
논리적으로 구성하는 기술

제5장 So What?/Why So?와
MECE로 논리를 만든다

글을 쓰거나
이야기하기 전에
알아야 할 기술

커뮤니케이션은 마치 캐치볼하듯 상대와 메시지를 주고받는 것이다. 과연 메시지란 무엇일까. 그리고 메시지를 구성하는 데 반드시 필요한 요소는 무엇일까. 당신은 이 물음들에 자신 있게 대답할 수 있는가. 메시지를 단지 자신이 말하고 싶은 내용의 요약, 또는 자신이 전하고 싶은 내용의 본질이라고만 알고 있는가. 혹시 메시지의 내용은 상황에 따라 모두 다르기에 구성 요소를 특정할 수 없다고 생각하는가. 그렇다면 반드시 제1부를 읽기 바란다.

우리 주변에는 자신의 의견을 상대에게 잘 전달하지 못해 고민하는 사람이 많다. 나름대로는 논리적으로 말하고 쓰려고 잔뜩 주의를 기울이는데도 결과가 좋지 않은 것이다. 이런 고민을 안고 있는 이들에게 필자는 항상 똑같은 조언을 되풀이한다.

"남에게 무언가를 전하고 싶다면 자신이 말하고 싶은 내용을 어떻게 정리할지, 어떻게 말할지, 어떻게 쓸지 생각하기 전에 과제(테마)와 상대에게 기대하는 반응부터 확인하라."

이처럼 논리적 전달자가 되기 위한 첫걸음은 생각을 정리하거나 논리를 구성하기 전에 과제와 상대에게 기대하는 반응 등 두 가지를 확인하는 것이다. 제1부에서는 '상대에게 전달한다'는 것이 무엇인지를 알아보면서 그 핵심을 설명하겠다.

제1장
상대에게
전달한다는 것

1. 얼치기 독심술사 증후군에 걸려 있지 않는가

우리는 어떤 일을 할 때 상대에게 자신의 생각을 전하고 상대로부터 긍정의 반응을 얻거나 혹은 상대의 조언을 들으면서 자신의 사고를 한층 가다듬고 완성해나간다. 이렇듯 일이란 업종과 직종에 상관없이 정보와 사고, 제안을 주고받는 커뮤니케이션의 연속이다. 그리고 이메일을 비롯한 정보통신 기술의 혁신에 힘입어 최근 정보가 전달되는 속도는 굉장히 빨라졌다.

문제는 당신의 사고나 제안이 상대에게 전달된 다음이다. 상대의 머릿속에 정확히 입력되고 나서 사고 회로 안에서 그 내용이 분명하게 이해되기까지의 시간, 그리고 당신이 기대하는 반응이 나올 때까지의 시간을 얼마나 단축하는지가 비즈니스 세계에서 성패를 좌우한다. 이것만큼은 온전히 메시지를 전달하는 사람에게 달려 있기 때문에 그토록 발달된 정보통신 기술로도 어찌할 도리가 없다.

자신의 의견을 상대에게 이해시키려면 어떻게 해야 할까. 사람들은 자신이 하고 싶은 말을 잘 정리하기 위해 제안서나 보고서를 몇 번씩 고쳐 쓰고, 문서의 디자인에도 한껏 공을 들인다. 하지만 자신의 의사가 상대에게 제대로 전달되지 않는 원인은 바로 여기에 있다. 중요한 것은 자신이 하고 싶은 말도, 자신이 중요하다고 생각한 의견도 아니다. 진짜 중요한 것은 자신이 전달한 메시지가 과연 상대가 전달받고 싶어 하는 메시지인가 하는 점이다.

프로젝트 팀 차원에서 경영 컨설팅을 준비하면서 "다음 회의에서 고객에게 전달할 내용이 잘 정리되지를 않아요." 하고 고민하는 컨설턴트도 많다. 만일 다섯 명으로 구성된 팀이라면 하고 싶은 말, 즉 의견을 전달하는 측의 속마음도 다섯 가지로 각자 다를 것이다. 하지만 비즈니스에서 전달하는 사람의 속마음이 어떻든 듣는 사람은 아무래도 상관없다. 이때 '그렇구나. 내가 아니라 상대를 생각해야 하는 거네. 그리고 보니 어릴 때부터 상대의 입장에서 생각하라는 말을 줄곧 들어왔잖아' 하고 깨닫고 상대를 배려한다면 당신은 훌륭한 사람이다. 하지만 상대를 배려할 때 다음과 같은 함정에 빠지지 않게 주의해야 한다.

'오후에는 부장님과 회의가 있지. 영어를 싫어하시니 될 수 있으면 영어를 쓰지 말아야겠다. 워낙 감정 기복이 심하셔서 기분이 별로다 싶을 때는 까다로운 안건을 꺼내지 않는 게 좋을 거야. 오늘은 기분이 어떠신지, 마침 오전에 부장님과 회의한 총무부에 물어봐야겠어.'

사례의 주인공은 확실히 상대의 입장을 생각하고 있기는 하다. 하지만 문제는 회의 목표가 방향을 잃었다는 데 있다. 회의 상대인 부장의 입장을 지나치게 배려한 나머지, 부장의 심기를 건드리지 않고 회의를 마치는 데만 온통 신경이 쏠려 있다. 아마도 이 회의에서는 사업상의 중요한 의사결정이 이루어지지 않을 것이다. 다시 검토하자거나 상황을 살펴보자는 식의 무난한 선에서 마무리될 것이 뻔하다. 이런 회의는 아무리 한들 일이 진척되지 않기 십상이며 참석자들에게 애초에 회의를 할 필요가 있었을까 하는 의문만 들게 할 뿐이다.

안타깝지만 우리는 심리학자도 독심술사도 아니다. 어차피 남의 기분이나 취향을 100퍼센트 파악하기란 불가능하다. 뿐만 아니라 의견을 전달할 때 상대에게 지나치게 맞추느라 표현과 뉘앙스를 바꾸다가는 자칫 내용을 잘못 전달할 우려마저 있다. 또 여기저기서 각각 다른 말을 하는 사람으로 오해받을지도 모른다. 이것은 비즈니스의 기초조차 갖추지 못했다고 볼 수 있다. 필자가 커뮤니케이션 스페셜리스트로서 다양한 업계의 여러 기업을 방문해보면, '자신밖에 모르는 병'이나 '얼치기 독심술사 증후군'에 걸린 사람들이 얼마나 많은지 모른다.

그렇다면 자신의 생각을 논리적으로 전달하기 위한 첫걸음은 과연 무엇일까. 역설적이지만 당신이 전달할 내용 위주로만 생각하지 않는 것이다.

2. 상대에게 전달할 메시지는 무엇인가

이야기를 시작할 때 "제가 말씀드리고 싶은 것은…."이라고 운을 떼는 사람이 많다. 하지만 중요한 것은 '내가 말하고 싶은 것'이 아니다. '내가 지금 답변할 과제에 대해 상대에게 전달해야 하는 메시지'다.

메시지란 무엇일까. 다음의 요건들을 만족해야 메시지라 할 수 있다. 첫째, 커뮤니케이션에서 과제나 주제가 명쾌해야 한다. 둘째, 과제나 주제에 대해 필요한 요소를 만족시키는 답변이 있어야 한다. 셋째, 커뮤니케이션을 한 다음에 상대에게 어떤 반응을 얻고 싶은지, 즉 상대에게 기대하는 반응이 뚜렷하게 드러나야 한다.

'과제', '답변', '상대에게 기대하는 반응'. 이 세 가지 요건이 이 책에서 정의하는 메시지다. 즉, 어떤 문서를 읽거나 누군가의 이야기를 들었을 때 '과제는 이것이고, 과제에 대한 상대의 답변은 이것이며, 내가 이렇게 반응하길 바라는구나' 하는 내용이 머릿속에 분명하게 들어와야 비로소 메시지다. 그리고 자신이 말하고 싶은 것은 답변의 일부분에 불과하다.

당신이 자신밖에 모르는 병이나 얼치기 독심술사 증후군의 함정에 빠지지 않으려면 항상 이 메시지의 정의를 기억해야 한다. 이제부터는 과제(테마), 상대에게 기대하는 반응에 대해 알아보자(도표 1-1).

확인 1. 과제를 확인한다

커뮤니케이션을 할 때는 가장 먼저 상대에게 답변할 과제가 무엇인지

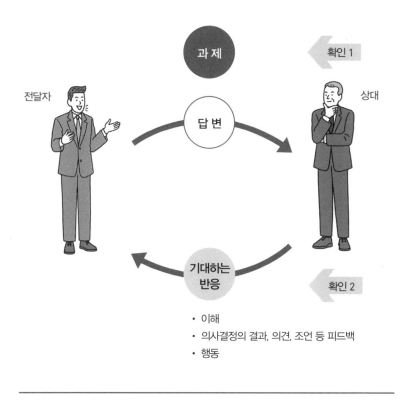

전달자

과 제

확인 1

상대

답 변

기대하는
반응

확인 2

- 이해
- 의사결정의 결과, 의견, 조언 등 피드백
- 행동

를 확인하라. 10분간의 짧은 회의든 1시간 동안 진행되는 업무 협상이든, 혹은 보고서나 제안서, 기획서를 작성하든 마찬가지로 '내가 지금 상대에게 답변할 과제는 무엇인가'를 스스로 묻고 대답해보자. 당신의 생각이 아무리 근사해도 과제나 주제에서 빗나가 있다면 상대는 검토조차 하지 않을 것이다. 회사나 상사가 제시한 과제와 자신이 설정한 과제도 상황은 같다.

비즈니스 현장에서 애초부터 과제를 완전히 잘못 인식하는 경우는 드물다. 누구나 처음에는 올바르게 과제를 인식하고 검토를 시작한다. 하지만 검토 과정에서 마음에 걸리는 사항이나 그때까지 보이지 않던 과제가 불거지면 정신이 온통 그쪽으로 쏠려 실수를 저지르고 만다. 검토에 몰두할수록 이런 일이 벌어지기 쉽다.

당신이 '안건 A의 사업화에 착수할 것인가'라는 과제를 검토한다고 가정하자. 검토 중에 안건 A는 사업화는커녕 사업화의 전제가 되는 기존 판매망에 중대한 문제가 있다는 사실이 밝혀졌다. 그러자 어느새 과제가 '기존 판매망의 중대 과제를 어떻게 해결해야 하는가'로 변해버렸다. 설령 이 문제의식 자체가 옳고 안건 A보다 기존 판매망에 대한 논의가 우선되어야 한다고 해도 주의할 필요가 있다. 안건 A의 사업화를 논의하기 위해 관계자들이 모인 자리에서 당신이 느닷없이 "오늘은 사안의 중요성을 감안해 기존 판매망의 현황과 과제에 대해 논의하겠습니다."라고 말한다면 어떻겠는가. 이어서 과제가 바뀐 경위와 전혀 다른 과제를 논의해야 하는 필요성을 명쾌하게 설명하지 못하면 새로운 논의는 시작되지 못할 것이다. 이처럼 과제의 방향이 엉뚱하게 바뀌면 애써 준비한 의견이나 제안은 전혀 쓸모가 없어진다.

그러니 무엇보다 과제를 확인하는 습관을 들이자. 문서를 작성하기 전이나 다른 사람에게 설명을 하기 전에 '오늘의 과제는 뭐였지? 지금부터 ○○ 과제에 대해서 설명해야지'라고 한 번 더 확인하라. 아무리 당신이 "이것이 중요합니다!"라고 강조해도 상대가 '지금 검토해야 하는 과제'로 인식하지 않으면 논의조차 할 수 없다.

요즘 유행하는 제안 영업의 어려움이 바로 여기에 있다. 의뢰 영업에서는 고객이 불편과 불만을 개선하고자 상품과 서비스를 주문하므로 누구보다 고객 자신이 과제를 명확하게 인식한다. 이에 비해 제안 영업에서는 제안하는 측이 자신의 관점에서 상대의 과제를 설정하고 그 해결책으로 자사의 상품과 서비스를 제안한다. 고객이 잠재적으로라도 제안자와 똑같이 문제를 인식하고 있다면 더할 나위 없이 좋은 영업 방법이다. 하지만 고객에게 전혀 문제의식이 없는 경우, 제안자가 상품이나 서비스를 제안하기 이전에 우선 그것이 왜 필요한지, 어떤 문제가 있는지 인식시켜야 한다. 바꿔 말하면, 상품과 서비스의 필연성을 알리기 위해서는 고객으로 하여금 지금 어떤 과제에 직면해 있는지를 공감하게 하는 것이 중요한 전제 조건이다. 당신이 여기까지 생각하지 못한다면 고객에게 아무리 상품과 서비스를 권한다고 한들 원하는 답을 얻기가 어렵다.

커뮤니케이션을 잘하려면 자신이 하고 싶은 말 위주로 생각하는 사고부터 바꿔야 한다. 먼저 상대에게 답변할 과제가 무엇인지를 스스로에게 묻고 대답하는 것이 올바른 접근법이다. 그렇게 하면 어느새 당신은 자연스럽게 답변에 다다르게 될 것이다.

확인 2. 상대에게 기대하는 반응을 확인한다

사람들은 회의를 하든지 문서를 작성할 때 결과적으로 상대에게 어떤 행동, 어떤 반응을 이끌어내고 싶어 한다. 이런 기대 성과가 없는 커뮤니케이션은 그저 독백일 뿐이다. 더구나 요즘 같은 시대에 한가로이 독백을 상대해줄 만한 기업이나 사람은 거의 없다.

비즈니스에서는 상대에게 어떤 내용을 전달하는 행위 자체가 목적인 경우는 아주 드물다. 의사 전달의 최종 목적은 상대를 이해시키거나, 상대의 니즈와 의견을 이끌어내거나, 상대에게 어떤 조치를 취하게 하는 등 상대에게서 반응을 얻는 것이다. 전달하는 것은 수단이지 결코 목적이 아니다.

어떤 사람이 상사와 30분 동안 업무 회의를 하는 상황을 예로 들어보자. 머릿속이 설명할 사항으로 가득 찬 사람과, 30분 후에 상사의 의견과 지시를 이끌어내겠다고 구상한 사람은 회의의 성과가 크게 다를 것이다. 더군다나 두 번째 사람은 회의가 끝날 무렵 상사가 "자네가 제안한 A, B, C의 세 가지 선택지 중에서 나는 B가 마음에 드네. 다음번에는 원가 분석을 실시하고 관련 부서의 의견도 들어보는 게 어떤가?" 하고 반응하는 구체적인 상황까지 미리 상정했다면 결과의 차이는 당연하다.

이번에는 고객에게 15분 동안 서비스에 대해 설명하는 상황을 그려보자. 이때도 단순하게 그저 15분간 설명해보자고 생각한 사람과, 15분뒤 고객으로부터 "그렇다면 저희 회사에 구체적으로 어떤 서비스를 어떤 방식으로 제공할 수 있습니까?"라는 질문을 이끌어내겠다고 결심한 사람은 설명 자체가 다를 것이다.

상대에게 답변을 전달한 다음 어떤 반응을 이끌어내야 커뮤니케이션이 성공적일까? 그 답변에 대한 사전 준비는 자신밖에 모르는 병을 예방하는 처방전과도 같다.

이렇게 말하면 영업 업무를 하는 사람들은 "영업 활동의 목적은 매출을 올리는 것이니 고객에게 기대하는 반응을 일일이 생각할 필요가 없다."고 반론을 제기할지 모르겠다. 하지만 단 한 번의 영업 활동으로 수주가 이뤄지는 일은 좀처럼 없으므로 다음처럼 영업 계획을 세워야 한다.

첫 번째 방문 때는 상대에게 자신과 회사, 상품을 알리는 것을 목표로 한다. "아, ○○ 회사가 신상품을 출시했군요. 꽤 흥미로운데요."라는 정도의 관심을 끌도록 한다.

두 번째 방문 때는 상대에게 자사 신제품이 기존의 타사 제품과 어떻게 다른지, 신제품을 사용하면 어떤 이점이 있는지 알린다. 이 방문의 목표는 신상품의 경쟁 우위성과 고객이 얻을 이익을 이해시키는 데 둔다. 되도록 고객이 그 상품에 대한 이미지를 선명하게, 또한 구체적으로 떠올릴 수 있게 한다.

세 번째 방문 때는 상대에게 구매 동기를 강력하게 부여한다. 기간 한정의 특별 기획을 준비한다거나 실제로 그 상품을 사용 중인 다른 고객의 평가를 들려준 뒤, 상대의 입에서 "그렇다면 사용해볼까요?"라는 한마디를 이끌어내는 것을 목표로 한다.

영업 담당자라면 이런 흐름으로 영업 계획을 세우는 것이 바람직하다. 커뮤니케이션을 할 때마다 고객에게 이끌어내고 싶은 반응을 예상하고 대비하자. 그렇게 하면 영업 활동 중에 너무 많은 정보를 제공해 고객을 질리게 하거나 고객이 강매로 여겨 불쾌해하는 불상사를 피할 수 있다. 그리고 계획대로 되지 않았을 때 궤도를 수정하기도 쉽다. 어떤 사람은 상대가 누구든 상황이 어떻든 항상 똑같은 영업 멘트를 주문처럼 읊기도 하는데, 그것은 커뮤니케이션을 통해 고객에게 어떤 반응을 이끌어내고 싶은지 도통 아무 생각이 없는 행동이라고 할 수 있다.

비즈니스에서 상대에게 기대하는 반응은 크게 세 가지다(도표 1-2).

① 상대를 이해시킨다

전달 내용을 상대에게 정확하게 이해시킨다. 업무 연락이나 사무 연락이 여기에 해당한다.

② 상대의 판단, 조언, 감상 등을 피드백으로 받는다

전달 내용을 상대에게 정확히 이해시키고 나서 상대가 그 내용을 어떻게 생각하는지, 찬성하는지 반대하는지, 뭔가 빠진 사항은 없는지 등 상대의 판단과 조언, 감상을 듣는다. 의견 청취나 테스트 마케팅으로 고객 니즈를 이끌어내는 경우와 사내 회의나 보고가 여기에 해당한다.

③ 상대가 행동하게 한다

전달 내용을 상대에게 정확히 이해시키고, 상대가 실제로 어떤 행동을 하게 한다. 상품이나 서비스의 판매를 확대하기 위해 대리점 등 제3자에게 판매 정책을 설명한다거나, 캠페인 참가를 의뢰하거나, 설문 조사에서 답을 얻는 경우가 여기에 해당한다.

같은 과제라도 당신이 상대에게 기대하는 반응에 따라, 답변에서 전

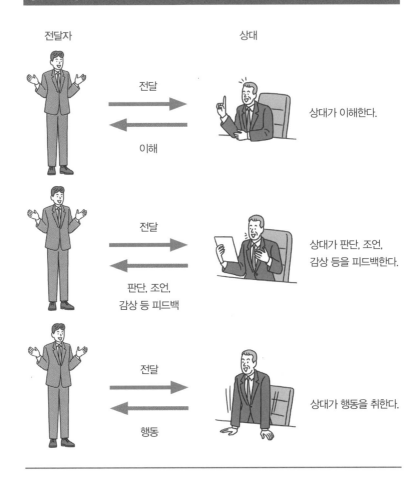

전달자

상대

전달

이해

상대가 이해한다.

전달

판단, 조언,
감상 등 피드백

상대가 판단, 조언,
감상 등을 피드백한다.

전달

행동

상대가 행동을 취한다.

달 내용의 깊이와 폭이 달라져야 한다. 단지 전달 내용을 상대가 이해만 하면 되는지, 아니면 의견과 생각, 니즈 등 상대방의 피드백을 받고 싶은지, 혹은 구입이나 판매 확대 등 상대가 어떤 행동을 취하기 바라는지를 분명히 하도록 한다.

3. 무엇을 말해야 답변이 되는가

상대에게 전달할 '과제(테마)'를 확인하고, 커뮤니케이션의 결과로 상대의 어떤 '반응'을 기대하는지 명확히 했는가. 그다음은 '답변 내용'을 생각하는 단계다.

어떤 사람들은 과제의 답변을 정리할 때마다 매번 수많은 정보와 요소를 눈앞에 두고 처음부터 끙끙댄다. 분명 일하는 데 있어 답변해야 할 과제는 헤아릴 수 없이 많고 답변의 내용 자체도 다르다. 필자의 경우, 다양한 업종의 기업에서 에디팅 일을 의뢰받는다. 그런데 그 기업에 속해 있지도, 직접 사업에 관여하지도 않는 데도 필자는 그들이 작성한 서류를 읽고 '이 부분은 아무래도 이상하다. 이렇게 수정해야 좋지 않을까' 하고 판단한다. 항상 다음처럼 스스로 묻고 답을 생각하기 때문에 가능한 일이다.

- 작성자는 과제를 해결하기 위해 어떤 행동을 해야 한다고 제안하는가? 찬성하는가, 반대하는가? 그리고 작성자의 의견이 무엇인지 정확히 머릿속에 들어오는가?
- 그 결론에 다다른 근거를 납득할 수 있는가?
- 결론이 행동으로 옮겨야 하는 대책인 경우 자세한 방법이 제시돼 있는가? 자신이 그 대책을 부하에게 지시하는 상황을 상정할 때 지시 내용이 구체적으로 연상되는가?

이 질문들에 '그렇다'고 대답할 수 있는지의 여부로 과제에 대한 답변 요소가 있는지 없는지를 판단할 수 있다. 비즈니스에서 답변 요소는 과제와 상관없이 오직 세 가지다. 설명 내용을 한마디로 요약한 핵심인 '결론', 왜 그 결론에 이르렀는지의 타당성을 설명하는 '근거', 그리고 결론이 행동으로 옮겨야 하는 대책인 경우 어떻게 실행할지를 설명하는 '방법'이다(도표 1-3).

[도표 1-3] 답변의 요소

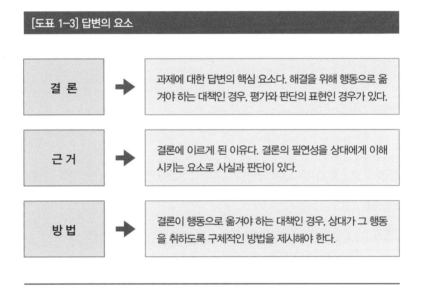

결 론	→	과제에 대한 답변의 핵심 요소다. 해결을 위해 행동으로 옮겨야 하는 대책인 경우, 평가와 판단의 표현인 경우가 있다.
근 거	→	결론에 이르게 된 이유다. 결론의 필연성을 상대에게 이해시키는 요소로 사실과 판단이 있다.
방 법	→	결론이 행동으로 옮겨야 하는 대책인 경우, 상대가 그 행동을 취하도록 구체적인 방법을 제시해야 한다.

4. 왜 상대에게 자신의 답변이 통하지 않는가

당신은 평소에 '결론, 근거, 방법'이라는 용어 혹은 이와 비슷한 표현을 많이 접할 것이다. 그리고 답변 요소로서 이 세 가지가 필수라고 여길 것이다. 하지만 문제는 당신이 생각하는 결론을 상대도 역시 명쾌하게 받아들이느냐, 당신이 생각하는 근거를 상대가 충분히 납득하느냐, 당신이 제안하는 방법으로 정말 상대가 움직일 수 있느냐다. 상대에게 결론, 근거, 방법이 명쾌하게 받아들여지지 않으면 아무런 의미가 없다.

인간은 누구나 자신의 생각을 완전히 객관적으로 바라보지 못한다. 그러나 비즈니스에서는 이를 보완할 수 있는 방법들이 있다. 이것은 생각을 전달할 때 자신의 답변 요소를 확인하는 실마리가 되며, 또한 자신이 전달받는 입장에서 상대의 말을 이해할 수 없을 때 왜 이해가 되지 않는지, 어느 부분을 이해하지 못하는지를 분석하는 단서가 된다.

결론이 전달되지 않을 때의 두 가지 함정

함정 1. 결론은 과제에 대한 답변의 요약이지 결코 자신이 하고 싶은 말의 요약이 아니다

[도표 1-4]를 살펴보자. 의류 제조업체인 A사는 '제조소매업에 신규 진출할 것인가'라는 과제의 답변을 찾기 위해 사장 직속의 프로젝트 팀을 구성했고, 이 팀은 3개월에 걸쳐 활동한 뒤 프로젝트 성과를 담은 보고서를 작성했다. 당신이 사장이라면 보고서를 읽고 어떤 생각을 하겠는가.

보고서에는 확실히 프로젝트 팀의 노련함이 엿보이는 상세한 분석 자료들이 나열돼 있다. 하지만 사장에게는 프로젝트 팀이 검토하며 고민한 과정을 순간적으로 꿰뚫어보는 능력이 없으므로, 이 보고서를 읽고 나서 사장은 "그래서, 결론은 하자는 건가 말자는 건가?" 하고 반응

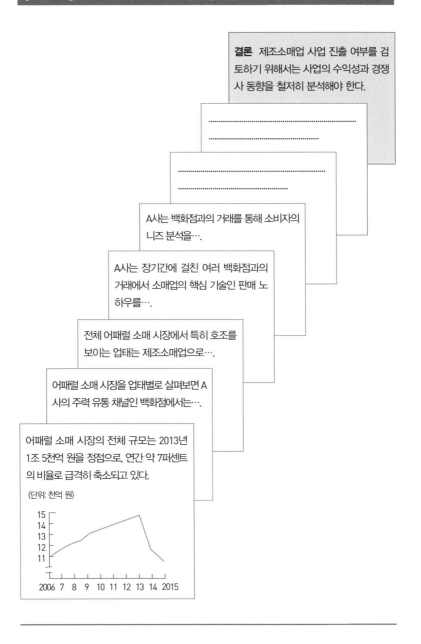

결론 제조소매업 사업 진출 여부를 검토하기 위해서는 사업의 수익성과 경쟁사 동향을 철저히 분석해야 한다.

···
·····································

·······································
···································

A사는 백화점과의 거래를 통해 소비자의 니즈 분석을….

A사는 장기간에 걸친 여러 백화점과의 거래에서 소매업의 핵심 기술인 판매 노하우를….

전체 어패럴 소매 시장에서 특히 호조를 보이는 업태는 제조소매업으로….

어패럴 소매 시장을 업태별로 살펴보면 A사의 주력 유통 채널인 백화점에서는….

어패럴 소매 시장의 전체 규모는 2013년 1조 5천억 원을 정점으로, 연간 약 7퍼센트의 비율로 급격히 축소되고 있다.

(단위: 천억 원)

15
14
13
12
11

2006 7 8 9 10 11 12 13 14 2015

할 것이다. 이처럼 상대에게서 "결국 결론이 무엇입니까?"라는 말이 나온다면, 안타깝지만 그 커뮤니케이션은 실패다.

실제로 보고서를 작성할 때 이런 일은 얼마든지 일어날 수 있다. 읽어봤을 때 '왜 이런 식으로 썼을까?' 하고 의아해지는 보고서라도 업무 초기부터 작성자가 과제를 잘못 이해하고 검토를 시작한 것은 아니다. 다만 검토하는 도중에 여러 가지 사안을 새로 발견하거나 신경 쓰이는 정보가 많아졌을 뿐이다. 업무가 진행될수록 작성자는 다양한 정보를 수집하게 되고 이에 따라 검토를 시작한 시점보다 전달하고 싶은 내용이 점차 늘어나기 마련이다.

하지만 커뮤니케이션 상대인 사장은 어떨까. 사장은 나름의 결론과 고민을 갖고 있는 한편, 프로젝트 팀이 과제에 어떤 답변을 내놓을지 듣고 싶을 것이다. 이 사례에서는 제조소매업에 진출을 시도할지 말지 둘 중 하나가 답변으로 제시되어야 한다.

어떤 결론에 이르렀다면 한 번 더 과제를 확인하라. 당신이 낸 결론이 자신이 하고 싶은 말을 요약한 것은 아닌지, 답변할 과제에 핵심이 되는 결론을 명확히 제시하고 있는지 말이다. 모든 커뮤니케이션에서는 과제와 답변, 답변의 핵심이 되는 결론이 서로 모순 없이 꼭 들어맞아야 한다. 즉, 정합整合해야 한다.

함정 2. '상황에 따라서', '경우에 따라서'라는 말에 주의하라. 부대조건은 동상이몽의 원인이다

상대에게 결론을 명확하게 전달하려면 이렇게도 저렇게도 해석될 수 있는 애매한 표현을 배제해야 한다.

필자는 다음과 같은 상담 의뢰를 받은 적이 있다. 모 여행사의 지점장 A씨는 조회 때마다 모든 매니저들 앞에서 지시 사항을 전달했다. 그런데 지시대로 즉각 업무를 실행한 부서가 있는가 하면, 하루가 지나고 이틀이 지나도 아무것도 진행하지 않는 부서도 있었다. 더구나 두 부서는 매사에 같은 방식으로 반응했다. A씨는 대체 왜 이런 차이가 발생하는지가 궁금했고 고민스러웠다.

의뢰를 해결하기 위해 필자는 대리점의 조회에 직접 참가해봤다. 그런데 뜻밖에도 A씨가 줄곧 상황에 따라 상대가 다르게 대응할 수 있는 발언을 하는 게 아닌가. "이번 주는 황금연휴로 가장 바쁜 시기지만 고객에 대한 예약 확인은 상황에 따라서…."라는 식이었다. A씨의 지시를 확실히 처리하는 부서의 매니저는 B씨였다. 알고 보니 B씨는 A씨가 현재 지점의 지점장이 되기 전부터 오랜 기간 상사와 부하 관계로 일했다. 그래서 B씨는 A씨의 '상황에 따라서'라는 말이 실은 무슨 뜻인지, A씨의 의도가 무엇인지를 읽어냈던 것이다. 하지만 A씨와 함께 일해본 적이 없는 매니저에게 B씨와 똑같은 반응을 기대할 수는 없다. 지시가 철저히 이행되지 않은 원인은 담당 매니저의 이해력 부족이 아니라, A씨의 지시가 애매했던 데 있었다. 이런 일은 회사 내에서뿐만 아니라 외부 거래처와 일할 때도 발생한다.

그만큼 '상황에 따라서', '경우에 따라서' 등 부대조건을 표현하는 말은 주의해서 사용해야 한다. '상황에 따라서'는 어떤 상황일 때 어떻게 하라는 것인지, 또 '경우에 따라서'는 어떤 경우에 어떻게 하라는 것인지를 상대에게 반드시 짚어주며 사용해야 한다. 부대조건은 확실한 표현으로 설명하라. 이를테면 애매하게 '상황에 따라서'가 아니라 'A제품의 매출이 전년 대비 105퍼센트를 넘어서면'이라고 구체적으로 설명하고, '지역에 따라서는'이 아니라 '대리점 진출 비율이 40퍼센트 이하인 지역은'이라고 조건의 내용을 정확하게 한다.

이처럼 부대조건은 정량화定量化할 수도 있고, 정성적定性的인 내용을 명확히 할 수도 있다. '고객에게 매장의 결제 처리 속도에 대해서 요구가 나온 경우에는 …를 검토한다'와 같은 식으로 말이다(도표 1-5).

명확하게 설명할 수 없다면 표현이나 커뮤니케이션의 문제가 아니라, 문제 자체가 제대로 해결되지 못했다는 뜻이다. 부대조건을 없애는 것만으로도 결론이 훨씬 분명해진다.

근거가 전달되지 않을 때의 세 가지 함정

아무리 결론이 과제에 대한 정확한 답변이 된다 해도 왜 그런 결론에 이르렀는지, 왜 옳다고 말할 수 있는지를 설명해야 상대를 납득시킬 수 있다. 그런데 근거를 전달하는 일이 결코 만만치 않다. 상대에게 말이나 글로 내용을 전달한 사람은 대개 근거도 함께 전달했다고 생각하지만 받아들이는 사람의 입장에서는 납득하지 못하는 상황이 종종 벌어진다. 이런 상황에서 양측이 정보량이나 이해도가 달라서 어쩔 수 없다고 하면 커뮤니케이션은 영영 성립되지 않는다. 애초에 정보량과 이해도가 비슷하다면 굳이 내용을 전달할 필요조차 없지 않을까. 상대에게

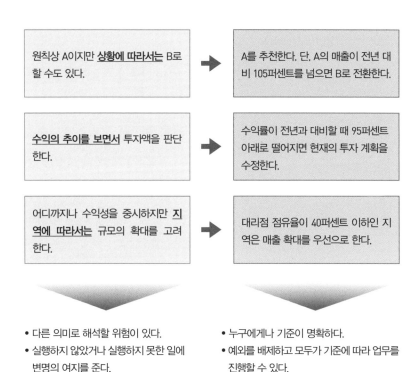

원칙상 A이지만 **상황에 따라서는** B로 할 수도 있다. ➡ A를 추천한다. 단, A의 매출이 전년 대비 105퍼센트를 넘으면 B로 전환한다.

수익의 추이를 보면서 투자액을 판단한다. ➡ 수익률이 전년과 대비할 때 95퍼센트 아래로 떨어지면 현재의 투자 계획을 수정한다.

어디까지나 수익성을 중시하지만 **지역에 따라서는** 규모의 확대를 고려한다. ➡ 대리점 점유율이 40퍼센트 이하인 지역은 매출 확대를 우선으로 한다.

- 다른 의미로 해석할 위험이 있다.
- 실행하지 않았거나 실행하지 못한 일에 변명의 여지를 준다.

- 누구에게나 기준이 명확하다.
- 예외를 배제하고 모두가 기준에 따라 업무를 진행할 수 있다.

전달할 답변의 근거가 충분한지의 여부를 완벽히 판단하기가 어려울 때는 다음 세 가지 함정만 피해도 정확도가 훨씬 높아진다.

함정 1. 'A가 필요하다. 왜냐하면 A가 없기 때문이다'라는 말로는 상대를 납득시킬 수 없다

"수익성을 높이려면 긴급히 영업력을 강화해야 한다. 영업력이 매우 약하기 때문이다." 이 말을 듣고 납득하는 사람이 과연 몇 명이나 있을까. "신제품을 개발해야 한다. 최근 3년간 신제품을 출시하지 못했기 때문이다."라는 말은 어떤가.

'A가 필요하다. 왜냐하면 A가 없기 때문이다' 혹은 'A가 약하기 때문이다'라는 방식의 설명은 같은 말의 반복일 뿐 근거가 될 수 없다. 그런데 실제의 커뮤니케이션에서는 이런 말들이 놀라울 정도로 허다하게 사용된다(도표 1-6). 앞서 언급한 두 경우가 전형적인 사례다. 하지만 'A가 필요하다. 왜냐하면 A가 없기 때문이다'는 근거가 아니다. 무엇보다 그 현상을 일으킨 수많은 원인 가운데 왜 그것을 선택했는지를 명확히 설명하는 것이 중요하다.

39페이지의 첫 번째 사례에서 영업력 강화가 긴급 과제라면 영업력의 미비가 수익성에 어떻게 악영향을 미치는지, 수익성 악화를 초래한 여러 원인 가운데 왜 특히 영업력이 중요한지를 설명해야 제대로 근거를 제시했다고 할 수 있다. 두 번째 사례에서는 신제품의 포지셔닝이나 타깃을 충분히 설명해야 한다. 근거가 미약하다고 판단되면 설명을 듣는 상대는 막대한 비용이 드는 상품 개발에 투자할 마음이 생기지 않을 것이다. 오히려 "그렇다면 신제품을 출시하기만 하면 된다는 건가."라며 비아냥거릴 수도 있다.

함정 2. '그것은 사실입니까? 아니면 당신의 판단이나 가설입니까?' 상대가 이렇게 생각한 순간 신빙성이 떨어진다

'왜?'라는 질문에는 두 가지 방법으로 이유를 제시할 수 있다. 하나는

[도표 1-6] 근거가 없으면 다른 사람을 이해시킬 수 없다

결론은 명확합니다! 어떠세요?

이 어려운 시장 상황을 극복하기 위해서는 타깃 고객층을 50대 이상의 남성으로 바꿔야 합니다. 왜냐하면 지금까지 50대 이상인 남성을 타깃으로 하지 않았기 때문입니다.

?

객관적 사실로서의 근거고, 다른 하나는 판단 또는 가설로서의 근거다. 어느 한쪽이 뛰어나거나 열등한 것은 아니다. 하지만 전달자는 객관적 사실이 자신의 판단이나 가설보다 확실하며 상대에게도 설득력이 있을 거라고 생각하기 쉽다. 그래서 상대 입장에서 이 근거가 사실인지 아니면 전달자의 판단이나 가설인지 알 수 없게 말하는 것이다. 또한 자신의 판단이나 사고에 자신이 없을 때도 그것이 자신의 판단이라는 사실이 드러나지 않게 얼버무리려는 심리가 작용해서 사실인지 판단인지를 애매하게 하는 경향이 있다.

"제품 판매가 부진한 원인은 시대의 흐름을 정확히 파악하지 못했기 때문입니다." 이런 말을 들었다고 하자. 시대의 흐름에 대한 정의는 차치하고, 이 말에서 시대의 흐름을 정확히 파악하지 못했다는 것이 사실인지 아니면 전달자의 판단인지는 분명치 않다(도표 1-7).

　만약 사실이라면 구체적으로 어떤 현상을 가리키는지를 제시해야 하며, 전달자의 판단이라면 왜 어떤 점에 착안해서 그렇게 생각했는지를 제시해야 한다. 그래야 근거를 명확하게 설명하는 것이다. 참고로 근거가 객관적 사실이라면 상대가 "아니, 그럴 리 없어."라든지 "그건 틀렸어."라고 반론할 여지가 없다. 이를테면 숫자가 그러하다(물론 고객의 지적이 옳은지 아닌지는 다른 문제다).

[도표 1-7] 사실인지 판단인지를 애매하게 말하면 신빙성이 떨어진다

함정 3. '전제 조건이나 판단 기준', '말할 것도 없고', '당연하다'고 생각하는 사람은 전달자뿐이다

회사에서 '중국 시장 진출'이라는 과제를 맡는다면 보통은 객관적 사실, 즉 중국 시장 현황과 경쟁사 동향, 회사 현황 등을 살펴보게 될 것이다. 하지만 이런 사실만으로 진출 여부를 판단할 수는 없다. 어떤 전략으로 신규 시장에 뛰어들지, 그 기준을 어떻게 설정할지 등 계획이 마련되어야 한다. 바로 여기서 그 사람의 실력이 나타난다.

기업마다 판단 기준은 다르다. 어떤 기업은 시장 성장성, 회사의 강점 활용 가능성, 수익성이라는 기준에서 확신이 서야 신규 시장에 진출한다. 그런가 하면 3년 이내 투자액을 회수할 수 있는지, 다른 사업으로 시너지 효과를 낼 수 있는지를 판단 기준으로 삼는 기업도 있다.

필자가 여러 기업의 사업 계획서를 검토해보면 작성자가 사실들을 나열한 뒤에 필사의 각오를 다지며 이행 여부에 대한 판단을 서술한 문서들이 있다. 하지만 정작 중요한 것은 상황을 어떻게 평가해서 그런 결론에 이르렀는지다. 투자나 신규 시장 진출의 여부를 어떤 기준에서 결정할 것인지 근거를 명확히 제시하지 않으면, 전달받는 상대는 판단의 옳고 그름을 가릴 수 없다.

또한 회의에서 어떤 업무의 추진이 승인됐다 해도 그 자리에 참석한 임원 모두의 생각이 같을까. 과연 한 명 한 명에게 "당신은 왜 이런 사실을 근거로 이 사업을 추진하자는 결론에 찬성한 겁니까?" 하고 질문했을 때 영업 담당 임원과 생산 담당 임원, 그리고 기술 담당 임원이 말하는 근거가 일치할까. 만약 아니라면 시장에 진출한 뒤에 문제가 발생

할 수 있다. 사업 확장이나 철수 여부를 판단할 때도 이러쿵저러쿵 의견이 갈릴 것이다(도표 1-8).

주어진 과제에 답변할 때 근거로 제시한 사실을 어떻게 볼 것인가. 이 판단 기준이야말로 기업의 전략적인 관점이자 문제 해결의 핵심이다. 기준을 명확하게 제시하는 일은 결론과 근거를 상대와 혹은 조직 내에서 공유화하는 데 매우 중요하다.

처음에 설정한 과제의 답변이 아닌
다른 내용을 전달하고 싶다면

커뮤니케이션에서는 '상대의 물음에 답변하는 것'이 중요하다. 하지만 다음의 경우에는 어떻게 해야 할까.

고객과 납품 시기를 논의하는 중이다. 그런데 고객의 물류 시스템을 조사해보니 재고관리 시스템 자체를 개선하지 않으면 납품 시기를 조정해도 어차피 임시방편밖에 되지 못하는 상황이다. 이럴 때는 일단 상대의 물음에 답변한 다음에 이어서 "물류 전체를 대대적으로 개선하길 원하신다면, 외람되지만…." 하고 기획을 제안하는 것이 좋다. 고객은 문의에 답변을 받음으로써 기대한 목적을 달성했으니 한층 더 효과를 높일 방안으로 추가 제안을 적극적으로 받아들일 가능성이 있다.

다음의 경우는 어떨까. 고객과 납품 시기를 조율하고 있다. 그런데 검토해보니 원재료 납품 일정부터 다시 조정해야 고객이 원하는 기한 내에 납품할 수 있다. 고객뿐만이 아니라 원재료업자의 일정까지 포함해 대대적으로 프로젝트를 재수립해야 한다는 사실이 분명해졌다.

참으로 난처한 상황이다. '고객이 원하는 시기에 납품하려면 당사는 어떻게 해야 하는가'라는 과제에 대한 솔직한 답변은 이렇다. '고객사의 내부 상황을 개선하는 것만으로는 원하는 결과를 얻을 수 없다. 납품 시기를 반드시 조정하길 원한다면 원재료업체도 함께 의논해서 원재료 구입 시기부터 새로 조정해야 한다.'

하지만 고객은 이런 답변이 돌아오리라고는 상상도 못 하고 있을 테고 그렇게까지 할 의지가 있어 보이지도 않는다. 따라서 솔직하게 답변을 전달해도 좋은 반응을 기대하기 어렵다.

그렇다고 해서 실시해도 그만, 안 해도 그만인 방법을 개선안이랍시고 제안하는 것은 직업윤리에 어긋난다. 이럴 때는 처음에 주어진 과제만 가지고는 해결할 수 없다고 알아차린 시점에서 가능한 한 빨리 고객에게 알려야 한다. 그 과제에 왜 제대로 된 답변을 제시할 수 없는지를 설명하고 과제를 다시 설정하는 것이 중요하다. 새로 설정할 과제는 '납품 시기를 근본적으로 변경하려면 고객사 안팎으로 전체 업무를 어떻게 개혁해야 하는가'가 된다.

과제 재설정에는 타이밍이 중요하다. 만약 답변 전달 마감을 하루 앞둔 단계에서 "사실은 과제 자체에 문제가 있습니다."라고 한다면 상대가 이를 어떻게 받아들이겠는가? 분명 당신은 일에 대처하는 자질을 의심받을 것이다. 어떤 경우든 과제와 답변이 정합해야 한다. 이것이 바로 로지컬 커뮤니케이션의 기본이다.

방법이 전달되지 않을 때의 두 가지 함정

"방법은 구체적으로…." 당신은 이런 말을 지금까지 귀가 아플 만큼 많이 들어봤을 것이다. 그리고 어지간히 둔하지 않은 이상, 글을 쓰거나 이야기를 하는 본인이 그 내용이 구체적인지 아닌지 가장 잘 알 수 있다. 구체성이 결여된 전형적인 함정은 크게 두 가지다.

함정 1. 다른 회사 또는 10년 전에 통용됐을 법한 공리는 사람을 움직이지 못한다

"경쟁력을 강화하기 위해 고객과 경쟁사의 동향을 주시하고 당사의 강점과 약점을 파악해 가장 차별화할 수 있는 영역에 경영 자원을 집중 투입해야 합니다."라는 보고를 받는 상대는 어떤 반응을 보일까. 아마 대놓고 반대하지는 않겠지만 아무런 행동도 취하지 않을 것이다. 이 보고는 전략의 정의 자체며 보편적 진리에 지나지 않는다(도표 1-9). 전략의 정의는 어떤 기업에도 통용되며, 10년 전에도 10년 뒤에도 통용된다. 하지만 전달자가 내놓은 답변은 교과서에나 써 있을 법한 공리公理여서는 안 된다. 기업에 적용했을 때 구체적으로 무엇을 해야 하는지를 전달해야 의미가 있다.

때때로 구체적인 방법을 생각해내는 것이 부하의 역할이라고 소리치는 상사를 볼 수 있다. 시대감각이 상당히 떨어지는 발언이다. 이런 상사일수록 임원에게서 "자네는 구체적으로 어떻게 할 생각인가?"라는 질문을 받으면 "현장과 잘 협의해서…." 같은 시답잖은 대답을 한다. 마찬가지로 상사에게 막연한 지시를 전달받고는 '이런 뜻인가?' 하

왠지 어디선가 본 것 같은데…

전략론

내년 중점 과제
당사는 경쟁력을 강화하기 위해 고객과 경쟁사의 동향을 주시하고 강점과 약점을 파악해 가장 차별화할 수 있는 영역에 집중적으로 경영 자원을 투입한다.

고 공상을 펼치는 부하도 있다. 현명한 직원이라면 "부장님 말씀은 구체적으로 이런 뜻이지요?" 하고 확인해서 지시 사항을 완전히 이해하려고 할 것이다. 해야 할 일을 구체적으로 언급하는 것은 의사를 전달하는 사람과 전달받는 사람의 공동 작업이며 공동 책임이다.

자신이 생각한 방법이 '당사뿐만 아니라 타사에도 통용될까?', '10년 전에도, 10년 후에도 통용될까?' 하고 자문자답을 해보자. 만약 '그렇다'는 대답을 하게 된다면 그것은 제대로 된 방법이라고 할 수 없다.

함정 2. 수식어로는 일이 구체적으로 되지 않는다

"당사는 수익성 강화를 가장 중요한 과제로 선정하고 최고의 리더십 아래에서 각 부문의 인재를 모아 최고의 성과를 내는 전기능 횡단적 전략을 실시해나간다." 많은 수식어가 붙어 있어서 거창해 보이지만 이 말의 요점은 '회사 전체가 하나가 돼 열심히 하자'는 것이다. 내용이 구체적이지 않을 때 전달자는 말에 여러 수식어를 붙여서 내용을 부풀려 보이고 싶은 충동에 사로잡힌다. 하지만 대부분 쓸데없는 일이다.

어떻게 해야 상대에게 답변을 구체적으로 전달할 수 있을까. 아쉽게도 커뮤니케이션으로 어떻게 할 수 있는 문제가 아니다. 보고서를 구체적으로 쓰지도 설명하지도 못하는 사람에게 "더욱 구체적으로 말하십시오." 하고 다그쳐봤자 소용이 없다. 그 사람은 최대한 머리를 굴려가며 고민한 끝에 '회사 전체가 하나가 되어', '핵심 과제로서', '근본적인 대책' 같은 수식어만 잔뜩 추가한 보고서를 다시 보여줄 게 뻔하다.

당신이 답변을 쓰거나 말할 때 아무래도 구체적이지 않다면, 원인은 과제가 구체적으로 해결되지 않은 데 있다. 이럴 때는 자신이 얼마만큼 이해하고 있는지, 현상을 어디까지 파고들어 분석했는지 살펴보도록 한다. 그런 다음, 지금 알고 있는 내용에 대해 다시 한번 '왜 그렇게 되었는가', '어째서 이런 일이 일어났는가', '왜 그렇게 말할 수 있는가'를 자문자답해보자. 구체성이란 언어나 표현의 문제가 아니다. 구체적 방법을 쓸 수 있고 말할 수 있는 것은 과제를 구체적으로 해결할 수 있기 때문이다. 즉, 어떻게 하면 좋을지 구체적으로 생각할 수 있다는 뜻이다.

최근 어떤 기업에 고객 불만이 엄청나게 접수됐다고 가정하자(도표 1-10). 조사 결과 고객은 제품 고장보다 기업의 대처 방식에 불만이 크다는 사실이 밝혀졌고, 기업 내부에서는 '불만을 토로한 고객에 대한

알고 있는 내용	생각할 수 있는 방법	듣는 사람의 반응
고객의 불만 제기가 많다.	• 고객의 불만을 줄인다.	How?
제품 고장보다 고객 대처 방식에 불만의 소리가 높다.	• 불만을 제기한 고객 대처 방식을 개선한다.	How?
판매 직원은 판매에는 열심이지만 수리 응대에는 관심이 없다.	• 판매 직원의 수리에 대한 응대 의식을 높인다.	How?
우수한 판매 직원일수록 수리 응대에 소홀해 결과적으로 판매 실적이 신통치 않은 직원이 수리 응대 업무를 떠안는다.	• 우수한 판매 직원에게 수리 응대에 대한 동기를 부여한다. • 수리 응대 담당자를 바꾼다.	How?
제품 판매량만 평가 기준으로 삼고, 고객의 재구매율이나 고객 응대 태도는 평가되지 않는다.	• 평가 방법을 바꾼다. • 판매 업무에서 수리 응대를 분리해 전문가를 육성한다.	

대응책을 개선하라!'는 과제가 주어졌다. 왜 고객의 불만 제기에 제대로 대처하지 못했는지를 더 자세히 알아보니, 판매 직원들이 제품 판매에는 무척 열심이었지만 판매한 제품의 수리 응대에는 관심이 없는게 문제였다. 이 기업의 판매 직원 평가는 제품의 판매량을 지표로 삼

았다. 그래서 우수한 판매 직원일수록 평가에 영향을 미치지 않는 수리 응대에는 소홀하고 신규 판매에 열을 올린 것이다. 결과적으로 고객이 불만을 제기할 때는 영업 실적이 그저 그런 영업 담당자가 마지못해 대처하고 있었다.

상황을 제대로 이해하면 여러 해결책을 생각할 수 있다. 그중 하나는 평가제 개선이다. 수리 응대를 받은 고객의 제품 재구매율을 평가 지표에 추가한다거나 수리 응대 부서와 판매 부서를 분리해 영업 담당과는 다른 평가를 적용하고 수리 응대 전문가를 육성하는 방법도 있다. 과제에 대해 답변할 때는 이런 구체적 단계까지 마련돼야 비로소 상대는 방법을 수긍하고 행동을 취한다.

대부분의 기업은 [도표 1-10]의 세 번째 단계 정도까지만 조사한다. 그러고선 '판매 직원의 수리에 대한 응대 의식을 높이자' 같은 슬로건만 내걸고는 흐지부지 끝내다 보니 결국 아무것도 바뀌지 않는다.

지금 알고 있는 사실을 두고 '왜 그렇게 되었는가?' 하는 질문을 여러 번 반복해야 비로소 구체적 방법이 보인다. 구체성 여부는 '자신이 그 실무자 입장이라면 무엇을 알아야 구체적으로 대처할 수 있을까?' 하고 자문자답을 해서 확인할 수 있다.

기업의 중기 사업계획서를 읽어보면 [도표 1-11]과 같은 말이 거의 빠짐없이 들어가 있다. 당신의 회사는 어떤가. 이런 말이 잘못됐다는 뜻은 아니다. '왜? 어느 정도? 언제부터 언제까지? 누가 주관하고 제휴는 어떤 식으로?' 사업계획서의 표현을 실현하기 위한 구체적 방법으로 이런 질문에 답변할 수 있는지, 그 답변이 계획서에 있는지가 중요

[도표 1-11] 기업의 사업계획서에 자주 쓰이는 표현

…의 추진

…의 달성

…의 활성화

…의 강화

…의 철저한 대비

…에 주력

…팀 신설

How?

어떻게?

어느 정도로?

언제부터?

언제까지?

누가 주관해서?

하다. 즉, "그렇다면 자네가 해보게."라는 말을 상사로부터 들었을 때 당신은 무엇을 하면 되는지 이미 파악하고 있어야 한다.

이제 이 책에서 말하는 커뮤니케이션이 무엇인지를 뚜렷하게 떠올 릴 수 있을 것이다. 지극히 사적이거나 예술적인 상황에서 자신과 같은 감성과 센스를 지닌 사람만 알아주면 된다거나 모르는 사람은 몰라도 되는, 혹은 진정한 토로나 고백같이 전달 자체가 목적인 커뮤니케이션 은 이 책에서 다루지 않는다. 어디까지나 사실을 토대로 분석해서 상대 를 논리적으로 설득하는 일이 중요한 비즈니스 커뮤니케이션을 상정 한다. 다만 특정한 목적을 추구하고 있다면 지역 모임이나 단체 등 비 즈니스 외에 폭넓은 영역에서도 응용할 수 있다.

감도 높은 정보 수신자는
문서 읽는 습관부터 다르다

옥석이 섞인 다양한 정보가 범람하고 있는 오늘날에는 자신의 손에 들어온 문서를 무작정 읽기만 해서는 업무를 효율적으로 진행할 수 없다. 문서를 받았을 때 마치 조건반사처럼 무턱대고 읽어서는 안 된다. 감도感度 높은 정보 수신자가 되려면 우선 문서의 목적과 함께 작성자가 당신에게 어떤 반응을 기대하고 있는지 파악한 뒤에 읽는 습관을 들이자. 작성자의 의도를 알고 읽으면 글을 이해하는 데 훨씬 도움이 된다.

문서의 작성 목적과 상대가 당신에게 기대하는 반응을 알 수 없는 문서를 받았다면 망설이지 말고 문서를 작성한 사람이나 부서에 질문하라. 이 문서를 어떤 목적으로 보냈는지, 그리고 이 문서를 읽고 당신이 무엇을 하길 바라는지 확인해야 한다.

조직 내에서 과제와 기대하는 반응을 확인하는 습관을 들이면, 무조건 문서를 만들고 보자는 식으로 작성되는 불필요한 문서가 줄어든다. 결과적으로 커뮤니케이션의 효율성과 효과가 훨씬 향상될 것이다.

제1장에서 배운 것을 되짚어보는 의미에서 당신의 커뮤니케이션 감도를 확인하자.

문제1 감도 있게 글을 읽고 이야기를 듣는 것이 곧 뛰어난 의사 전달자가 되는 지름길이다. 당신은 다음의 문서를 전달받았다. 내용의 타당성이나 옳고 그름을 따지기 전에 부족한 점이 없는지 살펴보자.

식품사업부장 귀하

2015년 5월 1일
21프로젝트 팀

다이어트 식품에 관한 시장조사 결과 보고서

본 프로젝트 팀은 '다이어트를 지향하는 소비자 니즈가 건강의 중요성에 대한 인식에 힘입어 폭넓은 연령층의 소비자에게 확산됐고 그 결과 다이어트 식품의 시장 규모가 약 ○조 원에 달한다'는 사실을 시장 조사를 통해 알아냈습니다.

1. 시장 규모와 성장성의 추이

다이어트 식품 시장은 2015년 현재 약 ○조 원으로 2000년 이후의 연평균 성장률은 무려 ○퍼센트에 이른다.

- 시장 규모를 살펴보면….
- 상품 카테고리의 변화를 분석해보면….
- 성장률을 확인해보면….

---

2. 다이어트와 관련한 소비자 동향

소비자들 사이에서 다이어트는 최근 5년 동안 10대부터 중장노년층에 이르는 폭넓은 연령층을 대상으로, 특히 건강 지향적인 측면에서 급속히 침투하고 있다.

- 건강 지향 측면에서는….
- 미용 측면에서는….

힌트 당신이 이 문서를 받은 식품사업부장이라면 어떤 생각이 들까. 여기서는 '시장 규모와 성장성의 추이'나 '다이어트와 관련한 소비자 동향'의 내용과 그 구체성이 문제가 아니다. 달리 부족한 점을 느끼지 못했다면 당신은 자신밖에 모르는 병에 걸려 있을지도 모른다. 메시지의 요소는 무엇인가? 그 요소에 비춰봤을 때 결여된 사항이 없는가?

문제 2 다음 문서가 당신 손에 들어왔다. 사내의 연구 모임을 알리는 공지다. 부족하거나 잘못된 점이 없는지 살펴보자.

제3회 M&A 연구 모임

주제: 증가하는 적대적 M&A 실태
– 적대적 M&A에 관한 안건 수의 추이와 주식 공개매입 프로세스 –

일 시: 2015년 10월 10일(토) 오후 1시~2시 20분
장 소: 본사 대회의실
내 용:
  1. 적대적 M&A에 대한 방어 수단(오후 1시~1시 45분)
  2. 적대적 M&A에 대한 대처 수단(오후 1시 45분~2시 10분)
  3. 질의응답(오후 2시 10분~2시 30분)

이상.

힌트 모든 커뮤니케이션은 과제 확인이 시작이다. 과제를 확인한 뒤에는 연구 모임의 주제와 내용이 맞는지 확인하면 된다.

문제 3 대부분의 기업에서 사내 연락은 이메일로 이뤄진다. 다음과 같은 메일을 받았을 때 커뮤니케이션 감도가 높은 사람은 '이게 뭐야, 내용을 조금만 바꾸면 더 효과적일 텐데' 하고 생각할 것이다. 발신자의 의도를 명확하게 드러내려면 과연 이메일에서 무엇을 바꿔야 할까.

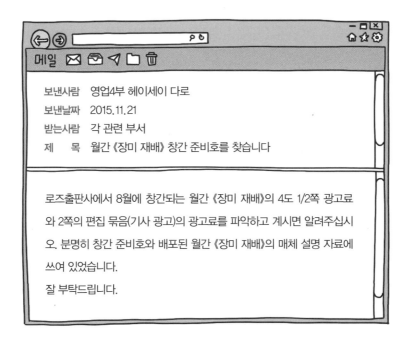

힌트 반복해서 강조하는데, 커뮤니케이션의 출발점은 과제에 있다. 당신이 생각한 대로 상대도 과제를 이해할 수 있게 명시하는 것이 중요하다. 이 이메일의 발신자가 의도한 과제는 무엇인가? 특히 이메일을 보낼 때는 제목에 주제가 포함되어야 한다는 점을 기억하자.

상대가 당신의 이메일을 반드시
열어보게 하는 전략

이메일을 이용하면 시간에 구애받지 않고 상대에게 메시지를 보낼 수 있다. 이런 장점 때문에 이메일은 커뮤니케이션의 수단으로 완전히 정착됐다.

요즘의 직장인은 하루에 수십 건의 메일을 살펴본다. 그러다 보니 자신과 그다지 관련이 없거나 관심 없는 주제에 관한 메일은 확인을 나중으로 미루게 된다. 따라서 상대가 반드시 당신의 이메일을 열어서 읽게 하려면 제목을 어떻게 작성할지 연구할 필요가 있다.

그렇다고 제목에 '당신에게 도움되는 정보'라고 적으라는 소리는 아니다. 이렇게 썼다가는 오히려 상대가 수상쩍게 여겨 이메일을 그대로 삭제하기 십상이다. 이메일 제목에는 과제를 명확하게 제시하고 상대에게 기대하는 반응을 쓰면 된다. '○○에 대해 회신 바랍니다.' '○○ 제출은 내일 모레까지입니다.' '○○ 회의 일정 변경 요청.' 이를테면 이런 식으로 작성하면 상대가 이메일을 열어보지 않을 리 없다. 과제와 상대에게 기대하는 반응을 명시하는 것은 가상 세계의 커뮤니케이션에서도 중요하다.

설득력 없는 답변에
공통된 결함

필자는 날마다 비즈니스 관련자나 학식 있는 경험자가 쓴 다양한 주제의 글을 읽는다. 그리고 온갖 지혜를 짜내 글쓴이가 말하고자 하는 결론을 다른 사람이 쉽게 이해하도록 설득력 있게 수정한다. 이 과정에서 이해하기 어렵거나 설득력이 없는 글에는 공통된 결함이 있다는 것을 알았는데, 바로 '내용의 중복 · 누락 · 혼재'와 '내용의 비약'이다.

1. 이야기의 명백한 중복, 누락, 혼재

이해하기 어려운 글이나 이야기에서 가장 공통으로 나타나는 결함은 읽는 사람이나 듣는 사람의 관점에서 보면 내용에 명백한 중복, 누락, 혼재가 있다는 점이다.

이야기의 중복은 '머릿속이 뒤죽박죽'이라는 신호

어떤 사람이 상대가 "세 가지 이유가 있습니다."라고 전제하고 시작한 이야기를 듣는데 도무지 머릿속에 잘 들어오지 않는다. 내용을 잘 음미해보니 표현은 다르지만 첫째와 셋째로 꼽은 이유가 결국 같은 뜻이다. 이야기를 듣는 사람의 마음속에는 '이 정도도 제대로 정리하지 못하고서 내린 결론을 과연 신뢰할 수 있을까? 뭔가 중대한 판단 오류가 있는 건 아닐까?' 하는 의심이 고개를 쑥 내밀 수밖에 없다.

당신이 속한 부서에서 신규 고객을 개척하기 위한 방안을 검토하고 있다고 가정하자. 고객을 새로 확보하려면 시간도 걸리고 돈도 들기 때문에 회의를 열어 어떤 기업을 중점적으로 공략해야 하는지 논의하게 됐다. 신규 고객 개척 회의 중에 당신의 부하이자 일에 열정적인 영업 담당자 A가 다음과 같이 주장했다.

"부장님, 저는 최근 화제가 되고 있는 시스테마사를 공략하고 싶습니다. 물론 쉬울 거라고는 생각하지 않지만, 시스테마사를 고객으로 신규 개척하면 무엇이 좋은지 세 가지 관점에서 말씀드리겠습니다. 첫째는 고객 포트폴리오의 관점입니다. 시스테마사는 보기 드물게 성장산업成長産業에 속하며 창업한 지 얼마 되지 않은 공격형 기업입니다. 우리 부서의 기존 고객은 이미 충분한 시장을 일군 성숙산업成熟産業에 속하는 오래된 대기업이 많습니다. 시스테마사처럼 성장세를 보이며 기존 질서를 타파하는 당찬 기업은 좀처럼 찾아볼 수 없습니다. 다양한 유형의 고객을 확보하는 분산투자는 기회의 확대와 리스크의 분산이라는 두 가지 측면에서 바람직합니다. 둘째는 수익성의 관점입니다. 시스테마사의 대표와 관계를 잘 맺으면 미래에 큰 매출로 이어질 것입니다. 우리가 다음번 사업에 참고할 만한 실마리까지 얻을 수 있을 겁니다. 그리고 셋째는 영업 기술의 관점입니다. 지금까지 없던 유형의 기업을 고객으로 개척해 거래를 지속하면 굉장히 창의적인 시스테마사의 대표로부터 많은 것을 배울 수 있다고 생각합니다. 그렇다면 영업 기술 측면에서도 의미가 있습니다."

이 설명은 고객 포트폴리오의 관점, 수익성의 관점, 영업 기술의 관점이라는 다양한 측면에서 생각하고 있는 것처럼 보인다. 하지만 수익성의 관점과 영업 기술의 관점에서 말한 내용은 '나는 지금 한창 주가를 올리고 있는 시스테마사의 대표에게 관심이 끌린다. 그 사람을 만나고 싶다. 그 기업과 함께 일하고 싶다. 그러므로 신규 고객 개척의 후보로 삼고 싶다'라고 간단히 요약 가능하다. A의 상사가 능력 있는 사람이라면 씨익 미소를 지으며 이렇게 말할 것이 분명하다.

"자네가 시스테마사의 대표에게 꽂혀 있다는 건 잘 알겠네. 그 열의를 높이 평가하지. 고객 포트폴리오에 대해서는 자네 말이 옳아. 그럼 이제 수익성을 실제로 어느 정도로 예측하는지, 구체적으로 어떤 영업 기술을 육성할지 그 내용을 들려주게."

그렇다. 의욕 넘치는 영업 담당자가 토해낸 열변 같은 말에 지나치게 솔깃해서는 안 된다. 내용이 중복된다는 사실조차 알아차리지 못하면 투자한 영업 비용을 신규 개척의 성과로 연결하기 어려울 것이다(도표 2-1).

이야기의 누락은 '한 점 돌파, 전면 붕괴'로 이어진다

이번에는 비전문가가 들어도 이야기에 확실히 누락이 있는 데다가 왜 누락했는지 아무런 설명조차 없이 전달자가 자신의 생각이 타당하다고 주장하는 경우를 살펴보자. 상대의 말에서 누락의 문제를 발견하면 자연히 불안감을 느끼게 된다. 자신이 알아차린 점 외에도 상대의 설

[도표 2-1] 이야기의 중복은 듣는 사람을 짜증스럽게 한다

명에 뭔가 결정적으로 누락되거나 잘못된 부분이 있지 않을까 하는 의심마저 들고, 전달자가 내린 결론이 타당해도 꼼꼼히 확인하게 된다.

앞에서 예로 들었던 신규 고객 개척 회의로 다시 돌아가보자. 열정적인 영업 담당자 A에 이어 B과장이 의견을 내놓았다.

"부장님, 저는 반드시 위성방송 사업자인 새틀라이트사를 공략하고 싶습니다. 앞으로의 방송 업계를 생각하면 새틀라이트사와 거래하게 될 경우의 이점은….'"

B과장은 5분에 걸쳐 새틀라이트사를 고객으로 개척할 때 얻을 수 있는 이점을 상세하게 설명했다. 이때 당신의 뇌리에 친구의 얼굴이 스쳤다. 얼마 전 만났던 그 친구는 상장된 새틀라이트사의 주식을 샀는데 주가가 한 번도 오르지 않다가 결국 반토막이 났다며 울먹였다. 당신은 당연히 B과장에게 이렇게 질문할 것이다.

"새틀라이트사를 고객으로 할 경우의 이점은 잘 알겠네. 하지만 새틀라이트사는 업계 재편의 물결 한가운데에 있지. 그 회사를 고객으로 개척할 때의 리스크는 뭐라고 생각하는가?"

늘 그렇듯 이번에도 B과장은 시야가 좁다. 새틀라이트사를 고객으로 확보해야 하는 이점만 파고들었을 뿐, 그에 따른 리스크나 새틀라이트사를 고객으로 삼지 않았을 때의 이점은 전혀 언급하지 않았다. 이처럼 누락과 결함이 있는 논리로는 상대를 절대 설득하지 못한다. 한 점을 돌파해 전면 전개를 하지 못하면 한 점 돌파, 전면 붕괴의 결과만 낳을 뿐이다(도표 2-2).

이야기의 혼재는 본래의 목적과 주제에서 벗어나게 한다

이번에는 전달자의 글과 말 속에 종류나 단계가 다른 내용이 섞여서 상대가 이야기를 이해하기 어려운 경우를 살펴보자. 가령 귤 이야기를 하다가 불쑥 사과 이야기가 튀어나온다면 어떻겠는가. 아니, 사과라면 그나마 같은 과일이니 양호한 편이다. 귤 이야기에 완전히 다른 종류인 무 이야기가 섞여 있을 때가 있는데, 심지어 말하는 사람이나 듣는 사람이 모두 본래의 주제에서 동떨어져 있다는 사실을 아예 깨닫지 못하기도 한다. 이야기가 그대로 계속되다 보면 어느새 주제에서 크게 벗어나고 만다.

다시 한번 신규 고객 개척 회의 상황으로 돌아가보자. B과장의 발언이 끝나고, 이번에는 곧잘 주제에서 벗어나 엉뚱한 소리를 하는 C가 의견을 발표하기 시작했다.

"제가 새로운 고객 후보로 검토한 회사는 A씨가 말한 시스테마사와 B과장이 언급한 새틀라이트사, 그리고 스이에이사입니다. 세 회사는 최근 3년간 높은 성장률을 나타내고 있습니다. 그 가운데 스이에이사는 우리 부서의 고객이지만 최근 5년 동안 거래가 없었습니다. 여러 방면으로 검토한 결과, 이미 거래 실적이 있는 스이에이사와 거래를 확대하는 데 투자하는 편이 시스테마사나 새틀라이트사의 신규 개척에 투자하는 것보다 훨씬 효율적이고 효과가 클 것으로 예측됩니다."

신규 고객의 개척을 논의하고 있는데, C가 현 시점에서 거래가 없다고는 하지만 과거에 거래했던 기업을 논의 대상으로 거론하는 것은 분명히 이치에 맞지 않는다. 하지만 이 말을 들은 회의 참석자들은 투자의 효율성과 효과라는 매력적인 언어에 혹해서 깊이 수긍할 수도 있다. 그래서 논의 방향이 신규 고객 개척과 휴면 고객의 활성화 중 어느 쪽을 우선할지로 바뀌는 일마저 생길지 모른다.

당신이 상사라면 단호히 이 제안을 제지하는 게 맞다. "이거 말야, 이러이러한 이유로 신규 고객을 개척할 필요가 있다고 지난번 회의에서 결론을 내렸지 않는가. 기존 거래처를 시스테마사, 새틀라이트사와 같은 시장에서 논의할 수 없단 말이네."라며 반려해야 한다(도표 2-3). 무엇을 위해서 신규 고객을 개척하려는지, 왜 기존 고객을 활성화하기

보다 신규 고객을 확보해야 하는지를 전혀 생각해보지 않은 무능력한 상사가 아닌 이상 말이다.

　이처럼 이야기가 중복, 누락되거나 다른 방향으로 빗나가 혼재되면 상대가 이해하는 데 큰 걸림돌이 된다.

2. 이야기의 비약

"A, B, C입니다. 따라서 X입니다." "A, B, C입니다. 그래서 X가 됩니다." 이런 말을 들으면 대개 X가 A, B, C라는 요소에서 나온 자연스러운 귀결, 혹은 A, B, C에서 무리 없이 도출된 한 단계 위의 개념이라고 생각하게 된다. 이것이 보통 사람의 자연스러운 사고다.

그렇지만 아무리 생각해도 상식적으로 A, B, C와 X가 연결되지 않아서 듣는 사람으로서는 말한 사람의 결론을 이해하지 못할 때가 있다. 이렇듯 이야기의 중복, 누락, 혼재는 이해 속도를 떨어뜨리거나 전달받은 내용에 의심을 품게 만든다. 물론 이야기를 제대로 다시 정리하면 상대가 이해할 수도 있지만 이야기에 비약이 있을 때는 전혀 소용이 없다. 가령 사업부장이 다음과 같이 신년 인사를 했다면 어떨까.

"우리 사업을 둘러싼 환경이 매우 어렵다는 것은 여러분도 잘 알 것입니다. 우리 사업부는 쓸데없는 지출을 최대한 줄여 재무 면에서도 사업운영 면에서도 낭비 없는 운영을 하도록 하겠습니다. 기본 방침은 다음 세 가지입니다. 첫째, 업주 또는 주주가 실제로 투하한 불입자본에 대한 이익을 꼼꼼하게 확인해 3년 이상 자기자본이익률이 5퍼센트를 넘지 않는 사업은 철수를 검토하겠습니다. 둘째, 우리 사업부의 경쟁력을 파악한 뒤 경쟁력이 없는 업무는 더 품질 좋은 서비스를 저가에 제공해주는 외부 사업자에게 적극 위탁할 것입니다. 셋째, 제품 개발이나 개선 부문에서도 타사와의 제휴를 모색해 최소의 투자로 최대의 효과를 추구하겠습니다. 따라서 총무 업무와 계약 업무는 외주를 줄 계획입니다. 하지만 중앙연구소는 역대 사장을 배출한 사업부이므로 현재 기대한 만큼의 성과가 나오지는 않지만 그래도 끝까지 사수하겠습니다."

제품 개발과 개선 업무는 타사와 제휴하고, 경쟁력 없는 업무는 외주업체를 이용하라고 하면서 성과를 내지 못하는 연구소가 왜 '따라서 존속'되는 것일까. 이대로라면 냉정한 제3자를 납득시키기는 어렵다. 연구소를 존속시킨다는 결론은 올해 사업부의 기본 방침에 따라 내린 판단이 아니다. 이 회사와 이 사업부가 하고 싶은 대로 '역사가 있는 중앙연구소를 없애고 싶지 않다. 따라서 존속시킨다'고 결정했을 뿐이다. 만일 '따라서'로 앞뒤 언급을 연결하고 싶다면 사업부의 기본 방침이 아니라 당사의 집념이나 신념을 언급했어야 한다.

비즈니스 현장에는 이처럼 이야기의 맥락이 명료하지 않거나 비약이 있는 사례가 일일이 열거할 수 없을 정도로 널려 있다. [도표 2-4]도 그런 경우다. 당신이 소속된 회사의 사업계획서나 담당 부서의 당기 사업계획서는 과연 어떤가.

사업계획서에 '전기前期 과제', '당기当期 시책'이라고 연달아 쓰여 있으면 이를 읽는 사람은 당연히 전기 과제를 근거로 그 해결과 성장을 목표로 해서 당기 시책이 결정됐다고 여길 것이다. 계획서를 작성한 당사자도 말로 설명할 때 "전기 과제는 이러이러한 내용이었습니다. 따라서 이를 근거로 당기 시책을…." 하고 설명할 것이다.

하지만 영업 담당자의 방문 빈도는 높아졌는데도 주문이 늘지 않는 대규모 고객을 더 자주 방문한다고 해서 과연 승산이 있을까, 거래가 끊긴 소규모 고객을 콜센터나 인터넷을 통해 되찾을 수 있을까. 게다가 새로 개척하려고 접촉했으나 이렇다 할 진전이 없는 고객은 어떻게 할 것인가. 이 부서의 당기 실적에 대해 밝은 전망을 내놓기란 어렵다.

애초에 연관성도 없고 맥락에도 맞지 않는 내용이나 비약된 이야기를 굳이 상대에게 전달하려고 만용을 부리지 말자. 반대로 분명한 연관

사업계획서

전기 과제

• 신규 고객 개척 지연: A, B, C사와 접촉했지만 정작 제안서를 제출한 곳은 A 사뿐이다.

• 기존 대규모 고객의 거래 부진: 대규모 고객인 D, E, F사에 대한 매출액은 전년 도 대비 감소. 방문 빈도가 전년도보다 높은데도 신상품 수주 실적은 부진하다.

• 기존 소규모 고객의 휴면율 증가: 1년 이상 거래가 없는 휴면 고객 증가. 이 고객 군은 한 회사당 매출은 크지 않지만 수익성이 높아 전체 수익성에 타격을 준다.

당기 시책

• 콜센터와 인터넷을 활용한 영업과 영업 담당자의 방문 영업을 고객에 따라 구 분해 실시한다.

• 대규모 고객은 영업 담당자가 직접 영업해 매출액과 수익성의 향상을 꾀한다.

• 소규모 고객은 콜센터와 인터넷을 활용해 영업 효율과 빈도, 점유율의 향상 을 도모한다.

성이 있다면 상대에게 반드시 전달하도록 한다. 그렇지 않을 경우 리 스크는 상당히 높아진다.

이야기의 명백한 중복, 누락, 혼재, 그리고 비약. 이것들 중 어느 한 가지 함정에만 빠져도 커뮤니케이션 상대는 전달자의 의도를 다시 검중해야 한다. 어떤 점이 이상한지 파악하고 본래 어떤 내용이어야 하는지를 따져 그 차이를 잡아내는 과정은 성가신 작업이다. 그래서 사람들은 대부분 이 작업을 끝까지 하지 못하고 도중에 싫증내며 포기해버리거나, 자각하든 하지 않든 자신이 이해한 범위 내에서 나름대로 해석해버리고 만다. 이렇게 되면 커뮤니케이션이 제대로 이루어지지 않는다.

전달자는 미리 자신의 사고를 간결하게 정리하고 내용에 심각한 중복, 누락, 혼재, 그리고 비약이 없도록 해야 한다. 이것은 비즈니스에서 지켜야 할 중요한 커뮤니케이션 매너다.

LOGICAL
THINKING

제2부

논리적으로 사고를 정리하는 기술

다른 사람에게 어떤 내용을 전달할 때는 우선 답변할 과제를 확인하고, 상대에게 어떤 반응을 얻고 싶은지를 분명히 한 뒤에 자신의 결론이 무엇인지 생각하라. 만일 결론이 떠오르지 않는다면 과제가 해결되지 않은 상태며, 아직 당신은 다른 사람에게 이야기를 전달할 수 없다. 전달할 결론을 확실히 알고 있으나 정보와 자료가 산더미처럼 있을 때도 있다. 그렇다면 그 방대한 자료를 어떻게 정리해 설명해야 상대가 당신의 결론에 공감할까. 누구나 비슷한 고민을 한 경험이 있을 것이다. "제가 내린 결론은 X입니다. 왜냐하면 다음 세 가지 관점에서 X라는 결론이 나옵니다."라고 논리정연하게 설명하고 싶다면 과연 수집한 자료를 어떻게 정리해야 '다음 세 가지 관점'으로 요약할 수 있을까. 당신이 제시하는 근거를 상대가 이해할 수 있게 하려면 어떤 기준에서 생각해야 할까. 게다가 A, B, C라는 세 가지 관점을 찾아냈다고 해도 "A, B, C입니다. 따라서 X라는 결론입니다."라고 말했을 때 상대가 이 '따라서'를 이해할 수 있을까.

만일 당신이 이런 고민을 했다면 그것은 상대를 이해시키고 싶어 하는 커뮤니케이션 마인드를 갖고 있다는 증거이자, 매우 발전적인 행동이다. 이제 당신은 어떻게 해야 할까. 그 해답은 'MECE'와 'So What?/Why So?'라는 두 가지 기술을 습득하는 데 있다.

중복, 누락, 혼재를 방지한다

1. MECE는 이야기의 중복, 누락, 혼재를 없애는 기술이다

당신이 상대에게 결론을 제시하고 설득할 때 그 근거와 방법에 중복, 누락, 혼재가 있으면 상대를 이해시킬 수 없다. 반대의 입장에서 말하면, 결론이 전체적으로 어떻게 완성됐는지 명확히 알고 있어야 중복, 누락, 혼재를 인식할 수 있다. 그러므로 누군가와 어떤 이야기를 나눌 때는 전체적인 핵심을 파악해두도록 한다. 그래야 상대가 제시한 이야기와 당신이 파악한 핵심을 서로 비춰보고 '이 내용은 겹친다', '이 점이 결여됐다', '종류가 다른 이야기다' 하고 판별할 수 있다.

이럴 때는 전체 집합이 분명하고, 그 전체 집합이 어떤 부분 집합체로 이루어져 있는지를 알고 있는 것이 중요하다. 자신이 정통한 업무나 식견 있는 분야에 대해 다룰 때 누락이나 중복을 확인하기 쉬운 이유도 여기에 있다. 전체 집합과 그것을 구성하는 부분 집합을 판단하기 쉽기 때문이다.

하지만 익숙하기에 되레 간과하기도 하고, 낯선 분야나 경험이 없는 분야에서는 확인 기능이 작동하지 않아 매우 불안해지기도 한다. 주제나 영역 자체에 정통하지 않더라도 자신이 전하고자 하는 결론을 상대가 자연스럽게 이해할 수 있게 이야기에 심각한 중복이나 누락이 없도록 확인하는 기술이 있다. 바로 경영컨설팅 회사인 맥킨지앤드컴퍼니에서 사용하는 MECE라는 기술이다(도표 3-1).

MECE란?

MECE는 Mutually Exclusive and Collectively Exhaustive의 약자다. 이것은 '어떤 사항이나 개념을 중복되지 않으면서도 전체적으로 누락 없는 부분 집합으로 인식하는 것'을 의미한다. 전체 집합을 중복도 누락도 없는 부분 집합으로 나눠서 생각하는, 집합의 개념이라고 보면 이해하기 쉽다.

예를 들어, 당신이 소속된 부서와 평소 업무적으로 관련이 없는 상무에게서 "자네 부서에 들어오는 정보에는 전체적으로 어떤 것이 있는지 설명해주게."라는 지시를 받았다고 하자. 당신은 어떻게 설명하겠는가. 설명하는 방법으로는 다음 세 가지 유형이 있다.

어떤 사항이나 개념을 중복되지 않으면서도 전체적으로 누락 없는 부분 집합으로 인식하는 것

Mutually Exclusive and Collectively Exhaustive

(서로 중복되지 않고)　　　　(전체적으로 누락 없는)

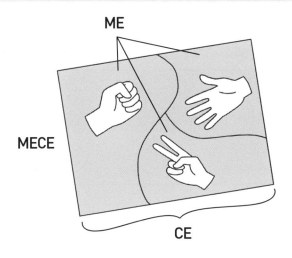

유형 1. 나열식 접근법

나열식 접근법은 생각나는 대로, 또는 눈에 띄는 대로 외부에서 자신의 부서로 들어온 정보를 열거하는 방법이다. 시중의 각종 신문, 잡지들만 대략 꼽아도 눈 깜짝할 사이에 100가지를 훌쩍 넘어갈 것이다. 이런 정보 목록을 꼼꼼히 살펴보고 줄줄 읊어 설명하면 된다(도표 3-2).

"상무님, 저희 부서에 들어오는 정보를 모두 열거하면 총 83종입니

다. 구체적으로는….”

상무가 배려심 있는 사람이라면 어느 정도까지는 당신이 열거한 항목을 머릿속으로 정리하려고 애쓰겠지만, 이내 포기하고 말 것이다. 그러고선 “이제 그만. 좀 더 잘 정리해서 설명하게!” 하고 언성을 높일 확률이 크다.

게다가 이 유형에는 결정적 단점이 있다. 설령 100가지나 200가지를 열거했다고 해도 정말로 그것이 전부인지, 혹은 누락된 것은 없는지를 전달한 사람조차 확인할 길이 없다. 누락이 없는지 확인하기 위해서는 어쩔 수 없이 방대한 작업을 별도로 해야 한다.

유형 2. 분류식 접근법

분류식 접근법은 일정한 규칙하에 외부에서 들어오는 정보를 기계적으로 순서에 따라 분류하는 방법이다. 예를 들면, 요일별과 오전, 오후의 시간대별 구분으로 월요일 아침에 들어오는 것, 그리고 오전, 오후에 들어오는 것, 이런 식으로 구분해놓으면 확인하기가 쉽다.

요일별로 정리한 방법은 앞서 소개한 나열식보다는 세심하지만 이 방법에도 문제가 있다.

"상무님, 저희 부서에 들어오는 정보를 요일별로 구분해서 정리했더니 전부 83종입니다. 우선 월요일은 오전에…, 오후에…." 하고 설명이

화요일쯤 이르면 이 전달 방식에 자신 있었던 당신이 상무보다 먼저 생각할 것이다. '이렇게 반복하다니 뭐하는 거지?' 요일별로 설명하면 같은 일간지 매체명이 적어도 일곱 번은 나온다(도표 3-3). 그러면 중복을 없애는 작업에 쫓기게 되고 작업 후에는 더 이상 중복되는 건 없는지 확인에 확인을 거듭할 수밖에 없다.

게다가 이런 형식이라면 요일마다, 오전과 오후라는 시간대별로 들어오는 정보의 수는 파악할 수 있어도 정보의 종류나 성격은 그다지 기억에 남지 않는다. 아마도 전달자조차 과제에 제대로 답변했는지 의심스러울 것이다. 그야말로 '중복은 혼란 상태를 알려주는 신호'다.

유형 3. MECE 접근법

자신의 부서에 들어온 정보를 전체 집합으로 보고 중복도 누락도 없이 어떤 부분 집합으로 나눌 수 있을지 생각하라. 이를테면 정기 정보와 부정기 정보, 일반에 공개되는 정보와 비공개 정보, 유료 정보와 무료 정보, 업계에 관한 정보와 기타 정보 등으로 크게 구분한다. 이 방법을 사용하면 심각한 중복이나 누락은 피할 수 있다. 그러고 나서 다시 정기 정보를 월간, 격주간, 주간 등 발간 빈도에 따라 정리한다. 부정기 정보는 정보의 형태에 따라 인터넷으로 배포되는 자료, CD-ROM, 비디오, 인쇄매체로 분류한다. 인쇄매체는 더 나아가 몇 장짜리로 된 간단한 뉴스레터 형태와 책자 형태로 나눈다. 그리고 "상무님, 저희 부서에 들어오는 정보는 크게 정기 정보와 부정기 정보로 나눌 수 있으며 총 83종의 정보가 외부에서 들어옵니다. 구체적으로는 정기 정보는

…로, 부정기 정보는 …로 분류할 수 있습니다." 하고 설명하도록 한다(도표 3-4).

들거나 읽는 사람의 입장에서는 여러 설명 방법 중 이 MECE 접근법이 가장 이해하기 쉽다. 사례를 봐도 상무가 알고 싶어 하는 내용을 간략하게 설명하고 있다. 그렇다면 MECE 기법은 왜 이해하기 쉬울까.

이야기가 세부적으로 전개되기 전에 전달자가 말하고 싶은 답변의 '전체'와 그 전체가 어떤 '부분'으로 구성돼 있는지, 즉 전체 집합과 그것을 구성하는 부분 집합이 분명하게 명시돼 있기 때문이다. '부서에 들어오는 정보를 전체 집합이라고 한다면, 정기 정보와 부정기 정보라는 부분 집합으로 나눌 수 있다.' 이렇게 어떤 과제나 개념을 전체 집합으로 두고 그것을 중대한 중복이나 누락, 혼재가 없는 부분 집합으로 나누어 생각하는 방법이 바로 MECE 사고방식이다. MECE 기법을 활용한 설명은 전체 개념이 명확하고, 또한 제시된 부분 집합을 합치면 전체가 된다. 따라서 이 설명을 듣는 상대는 전달자가 생각한 전체 집합을 본인의 사고로 흡수하고 머릿속을 정리하기 시작하면서 전달자가 마련한 논리의 장으로 들어선다.

상대를 이해시키려면 상대의 입장에서 설명해야 한다고 주장하는 사람이 많다. 하지만 사정을 모르는 남의 입장에서 알기 쉽게 설명하기란 만만치 않다. 오히려 상식적으로 생각할 때 중복, 누락, 혼재의 심각한 결점이 없다고 판단한 당신의 견해를 명확하게 제시해 상대가 이해할 수 있도록 하는 방법이 훨씬 현실적이지 않을까. 이렇듯 MECE는 전달자가 자신의 견해를 제시하고 상대를 논의하고자 하는 영역으로 이끄는 기술이다.

다양한 MECE 관점을 갖자

설명을 잘하는 사람은 한 가지 사항을 다양한 측면과 상황에서 설명한다. 어떤 상황을 전체 집합으로 보았을 때 전달자가 다양한 MECE의 관점을 파악하여 상대에게 어떤 관점에서 설명해야 가장 이해시키기 쉬울지를 자유롭게 선택할 줄 알기 때문이다.

MECE에는 크게 두 가지 유형이 있다(도표 3-5). 한 가지는 연령이나 성별처럼 완전히 요소를 분해할 수 있는 유형이다. 예를 들어, 회사에

전체 집합을 완전히 요소 분해할 수 있는 경우	중복과 누락이 전혀 없다는 것은 증명하지 못하지만, 이것만 파악하면 심각한 중복이나 누락이 없다고 인정받을 수 있는 경우
• 연령 • 성별 • 지역…	• 3C/4C • 마케팅의 4P • 조직의 7S • 효율 · 효과 • 질 · 양 • 사실 · 판단 • 단기 · 중기 · 장기 • 과거 · 현재 · 미래 • 사업 시스템…

서 개인 고객을 거주지별로 나눈 뒤 동거 가족의 유무나 점포 방문 때 이용하는 교통수단으로 구분하는 방법이 이에 해당한다.

또 다른 유형은 이미 어떤 사항에 대해 MECE의 기준으로 나누어놓은 것으로서, 이를 활용하면 심각한 중복이나 누락을 피할 수 있어 (정말 중복이나 누락이 없는지 증명하라고 하면 증명할 수는 없지만) 편리하다. 대표적인 MECE 프레임워크를 85페이지부터 소개하겠다. 이 방법을 알아두었다가 사용하면 비즈니스에 관련한 복잡한 내용을 정리하고 설명하는 데 도움이 될 테니 반드시 시도해보길 바란다.

한 조직에 오랫동안 소속돼 있다 보면 어떤 사안을 정리하거나 설명할 때 매번 똑같은 관점으로 하게 된다. 가령 고객 분류는 법인과 개인 혹은 연령대나 성별로 하고, 제품 분류는 무조건 카테고리별로 하는 식이다. 고객을 직업별로 분류해봐야겠다고 막연히 생각은 하면서도 실제로 깊이 생각하는 사람은 많지 않다. 사실 고객을 직업에 따라 분류하기는 의외로 어렵다. 게다가 오늘날에는 업계의 경계가 모호해져 제조업, 서비스업 등의 전통적인 구분으로는 규정하기가 어려운 기업이 많아졌다. 그런데도 물건을 구입할 때 흔히 기재하는 고객 카드의 직업란에는 여전히 관리직, 전문직, 의사, 변호사 같은 항목으로 구분돼 있다. 과연 의사들을 통솔하는 외과부장은 의사일까 관리직일까. 아니면 의사라는 직업의 전문성을 생각해 전문직이라고 해야 할까. 고객 카드를 어떤 용도로 사용할지는 모르지만 엄밀히 따지면 해당 항목은 중복될 뿐만 아니라 아예 다른 종류가 혼재돼 있다.

또한 업계나 기업에서 익숙하게 사용하는 설명 방식은 마치 암호 같아서 외부의 제3자는 알 수도 없고 이해하기 힘든 경우도 많다. 얼마 전어느 은행 연수에서 '금융 상품에 대한 지식이 전혀 없는 고객에게 은행 상품과 세상에 존재하는 금융 상품을 전체적으로 어떻게 소개할 수 있는지 설명하시오'라는 MECE 연습 문제를 냈다. 그랬더니 연수 참가자가 모두 질겁했다. 전문 지식이 있다고 해도 금융 상품을 평소의 업무 차원이 아닌, 고객의 관점에서 전체적으로 설명하려니 적합한 관점의 기준이 떠오르지 않았던 것이다. 이렇듯 자신이 항상 하고 있는 일, 자신에게 당연한 일이야말로 오히려 상대가 이해하기 쉽게 전체상을 보여주기는 무척 어렵다.

어떤 일이나 상황을 MECE로 정리하는 관점의 기준은 다양하게 알

수록 그만큼 상대를 설득할 수 있는 자유로운 선택지가 늘어난다. 뿐만 아니라 독특한 MECE 기법은 전달자 자신에게 사물을 보는 신선한 시각을 열어주고 창조성을 자극한다.

알아두면 편리한 MECE 프레임워크

3C(4C)

3C 혹은 4C는 무엇인가. 사업 또는 기업이나 업계의 현상을 전체 집합으로 했을 때, C로 시작되는 세 가지 혹은 네 가지 요소를 파악하면 일단 전체를 망라했다고 여긴다는 약속 사항이다. 여기서 C는 고객

[도표 3-6] 3C(4C)의 개념

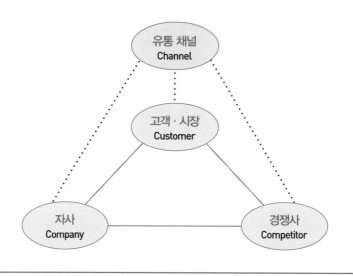

과 시장Customer, 경쟁사Competitor, 유통 채널Channel, 자사Company를 의미한다. 즉, 고객이나 시장의 상황을 알고 경쟁사와 자사 상황을 파악하면 일단 사업 현황 전체를 파악한 것으로 한다는 뜻이다(도표 3-6). 업계에 따라서는 도매업체나 대리점 같은 유통 채널이 사업의 열쇠를 쥐는 업태도 있기에, 그런 경우를 고려해 유통 채널의 상황까지 파악해 두자는 것이다.

3C와 4C는 사업이나 기업의 현황 분석에 사용되는 표준 요소다. 당신이 속한 '지점의 현황을 설명하라'는 과제를 받았다고 가정하자. 이경우 지점에서 일어나고 있는 일이나 경쟁사와의 비교 사항만 설명하는 것은 의미가 없다. 지점의 현황을 MECE로 설명하고자 한다면 다음 네 가지 요소를 모두 다뤄야 한다. 첫째, 자신이 속한 지점의 상권 상황 등 고객이나 시장의 동향을 설명한다. 둘째, 같은 상권에서 경쟁하는 경쟁 기업의 전략과 상황을 기술한다. 셋째, 자신이 속한 지점의 실적이라든지 사업과 조직이란 두 가지 측면에서의 상황을 설명한다. 넷째, 대리점 등의 유통 채널을 활용하는 기업이라면 유통 채널의 상황을 덧붙여 설명한다. 이들 네 가지 요소를 파악한다면 대체로 중복이나 누락 없이 지점의 전체 현황을 파악할 수 있다.

4P

4P는 특정 고객층을 정한 뒤 어떤 상품을 어떻게 판매할지 마케팅 전략을 세울 때 활용하는 도구다. 즉, 어떤 특성이 있는 상품Product을 어떤 가격Price에 어떤 유통Place을 이용해 어떤 촉진 전략Promotion으로 다

상품 Product

가격 Price

유통 Place

촉진 전략 Promotion

가갈지 생각하는 것이다. 이때 네 개의 P가 타깃 고객과 일관성을 갖추는 것이 중요하다(도표 3-7).

여행 상품을 기획한 당신이 마케팅에 대해 영업부에 설명하는 상황을 가정해보자. 이때 당신은 어떤 고객을 타깃으로 할지 구체적으로 의견을 밝혔다. "부유층 고객이 주요 타깃이므로 상품에 이런 특성과 가격을 설정했습니다. 영업부 여러분이 부유층 고객에게 이 상품을 소개해주세요. 그리고 프로모션으로는 호텔에서 실제 여행 때 제공되는 식사를 맛보는 이벤트를 준비하겠습니다."

그러면 이 말을 들은 영업부 직원들은 일관되게 각자 자신의 고객 중에서 타깃이 될 만한 이들을 떠올릴 것이다. '이 상품 대박날 것 같은데! 이 가격이면 다들 선뜻 구매할 거야. 이번이야말로 인터넷 판매나 매장 판매가 아니라 내가 직접 나설 차례군. 이 호텔 이벤트가 결정타가 되겠는걸!'

흐름·단계

어떤 일을 기점에서 종점에 이르기까지의 단계와 흐름으로 나누어 파악하는 것도 매우 효과적인 MECE 도구다. 이 도구에는 어떤 일이 일어날 때까지를 과정process과 단계step로 나누어 생각하는 방법이 있는가 하면, 과거·현재·미래 또는 중기·장기와 같이 시간 축으로 분류하는 방법도 있다.

'어떻게 하면 우리 회사의 상품을 확대 판매할 수 있을까?'라는 과제의 답변을 정리한다고 가정하자. 고객이 물건을 구입하는 행위를 종점으로 한 뒤, 고객이 물건을 사기까지 어떤 단계를 밟는지 확인하고, 단계별 판매 대책을 정리하는 접근법이 좋다. 고객이 물건을 사는 과정은 [도표 3-8]을 참조하라. 비즈니스 시스템이나 밸류 딜리버리 시스템이 흐름·단계로 구분하는 MECE의 전형적인 방법이다.

비즈니스 시스템은 기업이 제품이나 서비스를 개발해 시장에 투입하는 단계를 종점으로 했을 때 기업 내에서 필요한 활동을 기획, 개발,

[도표 3-8] 흐름·단계의 개념

생산, 판매라는 기능과 업무별로 정리한 것이다. 물론 업계나 기업마다 비즈니스 시스템이 다르다. 당신의 일을 전체로 보고 흐름과 단계에 따라 정리하면 당신의 일에 대한 비즈니스 시스템을 만들 수 있다. 이 전체 집합을 하나의 기업이 아니라 업계 전체를 대상으로 삼아 어떤 흐름과 단계로 움직이는지를 정리한 것이 인더스트리 체인industry chain이다.

경제경영 분야의 도서에 자주 등장하는 밸류 딜리버리 체인value delivery chain은 기업 활동이 고객에게 어떤 가치를 누리게 하는 일이라고 정의하고 가치가 고객에게 전달돼 실현되기까지의 흐름을 파악한 것이다. 즉, 어떤 가치를 전달할지를 결정하는 '가치의 선택', 그 가치를 실제 상품과 서비스의 형태로 만드는 '가치의 창조', 그리고 그것을 고객에게 전달해 구현하는 '가치의 전달', 이 세 가지 단계로 업무와 기능 및 과정을 정리한 것이다.

효율·효과, 질·양

업무 개선이라는 주제로 다양한 대책을 구상한다고 하자. 사람들은 이런 경우에 대책의 유효성과 타당성을 판단하는 데 있어 효율에만 주목하는 경향이 있다. 하지만 아무리 업무가 효율적으로 개선된다 해도 고객 서비스가 악화돼 불만이 제기된다면 의미가 없다. 효율을 생각할 때는 그와 더불어 반드시 효과도 생각해야 한다. 아예 효율과 효과는 한 쌍의 개념으로 기억해두면 좋다.

또한 질과 양도 마찬가지다. 이 책의 주제인 커뮤니케이션에서는 전달하는 정보의 질과 양이 무척이나 중요한 판단 기준이다. 정보는 내용이 고상해야 좋은 것도 아니고 양이 많아야 좋은 것도 아니다. 과제와 상대를 고려해서 정보의 적절한 질과 양을 판단할 수 있다면 당신은 의사 전달에 매우 뛰어난 사람이다. 질과 양, 이것 또한 한 쌍의 개념이다.

사실 · 판단

누구도 반론할 수 없는 객관적 사실과 사람마다 다른 관점에서 보는 주관적 판단은 일종의 MECE라고 할 수 있다. 이것도 정말로 중복과 누락이 없는지를 증명할 길은 없다. 하지만 제2장에서 소개했던 이야기를 듣는 사람의 입장에서 전달자가 말하는 근거를 이해하기 어려운 경우를 떠올려보라. 제시된 근거가 사실인지 판단인지를 구분하기 어려운 까닭은 본래 MECE로 명확히 구분되어야 할 객관과 주관의 경계가 애매해서다.

이처럼 MECE의 기준을 많이 알고 있으면 전달자는 자신의 결론을 다양한 방법으로 정리해 상대를 설득할 수 있다. 경쟁사의 사업 현황을 설명하라는 과제를 받았다고 가정해보자. '경쟁사 사업은 한창 절정기를 누리고 있다'는 것이 당신의 결론이라면, 당신은 어떤 관점에서 경쟁사의 호황을 설득력 있게 상대에게 전달하겠는가.

경쟁사 사업 현황을 전체 집합으로 하고, 4C의 관점에서 시장, 경쟁사, 또 다른 경쟁사, 유통 채널을 설명하는 것도 한 가지 방법이다. 그리고 절정기라고 했으니 실적에 착안해서 수익방정식[수익=(가격−비용)x수량]의 항목별로 나누어 설명하는 방법도 있다. 아니면 경쟁사 사업을 비즈니스 시스템 또는 밸류 딜리버리 시스템으로 구분해 각 기능이나 시스템의 강점을 분석한 관점에서 설명하는 방법도 있다.

MECE의 기준은 배운 것을 활용할 수도 있고 아예 새롭게 만들 수도 있다. 그 소재는 어디에나 있다. 우선 당신의 일을 MECE로 정리하는 것부터 시작해보자.

2. 그룹핑은 MECE를 활용한 정보 정리 작업이다

그룹핑grouping은 수많은 정보가 흩어져 있을 때 MECE 기준을 찾아내 전체상을 파악하기 쉽게 몇몇 그룹으로 분류하는 작업이다. 결론을 뒷받침하는 근거가 될 만한 정보를 잔뜩 수집했지만 어떻게 정리해야 좋을지 몰라 막막했던 경험이 있을 것이다. 그럴 때 그룹핑을 활용하면 매우 효율적으로 정보를 정리할 수 있다.

그룹핑의 과정부터 알아보자. 우선 상대에게 당신의 결론을 설득시키는 데 도움이 될 만한 수중의 정보를 모두 꺼내놓는다. 다음으로는 과제의 답변으로 자신이 내린 결론을 설명하기에 알기 쉽고 의미 있는 MECE 관점을 의식하면서 정보를 MECE 기준에 따라 정리한다. 그러면 잡다한 정보가 몇 개 그룹으로 분류된다.

그리고 나서 각 그룹의 정보를 살펴보고 제목을 붙인다. 정보의 제목을 뭐라고 할지 잘 생각나지 않는다면 다른 종류의 정보가 섞여 있을 가능성이 높다. 그럴 때는 다시 한번 정보를 살펴보고 재정리하든지,

자신이 수집한 정보와 상대에게 전달하고 싶은 내용을 일단 꺼내놓고 결론을 이끌어낼 MECE적 근거나 MECE적 방법이 될 만한 기준을 찾아낸 뒤, 그룹으로 분류해 전체 구조를 알아보기 쉽게 정리하는 방법

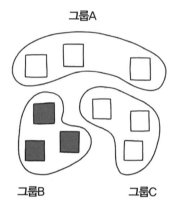

그룹A

공통점에 따라 MECE로 묶는다.
예를 들면 다음과 같다.
 · 시장, 경쟁사, 자사
 · 기술, 생산, 판매
 · 지방, 도시

기준은 대개 하나가 아니다. 결론을 뒷받침하는 근거와 방법으로 가장 적절하다고 생각하는 기준을 선택한다.

그룹B   그룹C

아예 MECE 기준 자체를 바꾸자.

마지막으로 각 그룹의 제목을 전부 모았을 때 그것이 과제의 답변을 충분히 설명할 수 있는 전체상을 제시하는지, 또한 심각한 중복, 누락, 혼재 부분이 없는지 다시금 확인한다. 이런 과정의 작업이 바로 그룹핑이다(도표 3-9).

중복, 누락, 혼재가 없는 부분 집합을 만들어라

그룹핑을 할 때 주의할 점이 있다. 정보를 단순히 누락과 중복 없이 그룹으로 나누기만 해서는 안 된다. 앞서 설명했듯, 그룹으로 나눈 정보를 살펴보고 각각의 그룹마다 제목을 붙인 뒤 다시 한데 모았을 때 전체를 MECE 관점으로 분류한 것이 되어야 한다. 그리고 어떤 MECE 기준으로 정리했는데 두 가지 이상의 그룹에 동시에 속하는 정보나 어느 그룹에도 속하지 않는 정보가 있다면 기준이 잘못된 것이므로, 다른 MECE 기준으로 분류를 시도해보자. 때로는 어떤 기준으로 설명하고 싶어서 정보를 모았지만 그룹핑을 하고 나서야 생각지 못한 누락이 있다는 사실을 발견할 수도 있으니 유의하도록 한다.

열 개의 정보를 갖고 있다고 하자. ① 시장 정보 ② 경쟁사 정보 ③ 상품 정보로 나눈다면 어떨까. 그룹핑했다고 할 수 있을까? 아니다. 사업을 전체 집합으로 했을 때 시장, 경쟁사, 자사의 기준이라면 3C에 해당돼 MECE로 간주할 수 있다. 하지만 시장, 경쟁사, 상품이라는 세 가지 기준을 선택했다면, 상품이라는 기준에 문제가 있다. 세상에 존재하는 상품은 경쟁사 상품이든 자사 상품이든 둘 중 하나에 속하기 마련이니 ②와 ③의 정보와 중복된다. 또한 자사 상품 이외의 정보를 정리해야 하는 그룹도 없다. 수집한 정보를 단지 나누기만 할 게 아니라 나눈 그룹 사이에 서로 MECE의 관계가 성립되어야 한다.

실제 비즈니스 상황에서는 여러 정보가 MECE로 분명하게 그룹핑되는 일이 드물다. 어느 그룹에 넣어야 할지 헷갈릴 때가 더 많다. 하지만 대부분은 세세하고 정확하게 나누는 게 아니라, 우선 크게 묶어보고 제목을 붙여 전체를 알아보기 쉽게 하는 데 그룹핑의 의미가 있다. 즉, 부분 집합과 그 집적으로서의 전체 집합을 명시하는 것이 중요하다.

그룹핑도 MECE와 마찬가지로 주변의 소재로 얼마든지 연습할 수 있다. 연습하면 할수록 속도와 정확도가 높아진다. 먼저 오늘 신문에 실린 텔레비전 방송 프로그램부터 그룹핑해보면 어떨까.

그룹핑할 때 기준에 유의하라

'이 사람은 A와 B라는 MECE 기준으로 전체를 두 그룹으로 나눠 설명하고 있다. 하지만 총 열 가지 이야기를 A가 1, B가 9인 비율로 나누었기에 균형이 전혀 맞지 않는다.'

이런 경우라면 과연 MECE가 커뮤니케이션에 효과가 있을까. MECE를 활용했지만 아쉽게도 그다지 의미가 없다(물론 A와 B의 극명한 대비를 보여준다거나 이런 분류 방식에는 의미가 없다는 사실을 입증하는 데 목적이 있다면 별개지만). 이 분류 방식은 그저 열 개의 요소를 두 개의 그룹으로 나눈 데 지나지 않으며, 상대를 이해시키려면 아홉 개의 요소가 속한 B를 더 자세히 그룹핑해야 한다.

정리나 분류로는 MECE가 맞더라도 적절한 기준으로 설정돼 있는지를 반드시 검토해야 한다. 상대가 자신의 결론을 이해하길 바란다면 말이다. 가장 이상적인 그룹핑은 '그것'과 '그것 이외'다. 그런데 대부분의 경우 '그것 이외'를 더 세밀하게 정리해야 의미가 있다. 그룹핑의 목적은 어디까지나 당신의 결론을 상대가 이해하도록 전체 상황을 알기 쉽게 보여주는 데 있다는 점을 기억하라.

/ 1 /

MECE에 강해지자

어떤 개념을 중복, 누락, 혼재가 없는 부분 집합체로 인식하는 연습을
해보자.

● 예제 ●

어느 날, 총무부장이 당신에게 이런 과제를 주었다.

"우리 회사의 새로운 오피스 빌딩에 음료 자판기를 설치할 계획일세. 자판기에
서 살 수 있는 음료의 종류도 무척이나 다양해졌지. 최근에는 고객에게 음료를
대접할 때도 자판기를 많이 이용하니 신통찮은 기기는 안 되네. 그리고 기왕이
면 직원들까지 좋아할 만한 자판기를 설치해서 업무 생산성을 높였으면 해. 그
래서 말인데, 자판기에서 살 수 있는 음료들을 전체적으로 파악할 수 있도록 자
네가 조사해주게."

세상에는 온갖 종류의 음료 자판기가 있고 자판기에서 판매되는 상품도 매우 다
양하다. 당신이라면 어떤 기준을 정해 자판기에서 살 수 있는 음료를 MECE로
정리하겠는가.

사고방식과 해답 사례

1단계. 과제=전체 집합을 확인한다

모든 작업은 과제 확인에서 시작된다. 예제의 과제는 '시중의 자판기에서 판매되는 음료를 전체적으로 어떻게 정리할 수 있는가'이다. 자판기에서 살 수 있는 음료를 전체 집합으로 하고 중대한 중복도 누락도 혼재도 없는 부분 집합으로 분류할 기준을 찾아야 한다. 그리고 MECE로 정리함으로써 상대의 목적에 맞게 답변하는 것이 중요하다. 총무부장은 방문 고객의 응대와 직원의 휴식을 비롯해 다양한 상황을 상정하고 당신에게 이 과제를 냈다는 것 또한 기억하자.

2단계. MECE 기준을 찾는다

과제를 살펴보고 구성 요소를 분해하여 각각에 대해 MECE한 기준을 찾아낼 때는 다음과 같은 접근법이 가장 효율적이다.

우선 '자판기로 살 수 있는 음료'라는 과제를 '자판기', '산다', '음료'로 구분한 뒤, 각각을 하나의 개념으로 MECE로 나눌 수 있는지 생각해보자. 해당하는 게 있으면 그 기준이 '자판기에서 살 수 있는 음료'라는 과제 전체를 MECE로 정리하는 기준이 되는지 확인한다. 이를테면 다음과 같은 해답들이 있을 수 있다.

① '자판기'를 MECE로 파악한 해답

'어느 회사 상품이 들어있는가.' '어디에 설치할 것인가.' '몇 종류의 상품을 살 수 있는가.' '기호에 따라 맛을 조절할 수 있는가.' 가장 먼저 이 같은 기준이 떠오를 것이다. 그러면 다음처럼 정리할 수 있다.

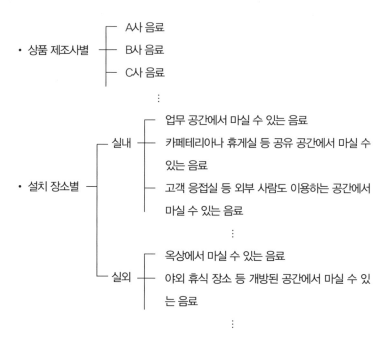

② '산다'를 MECE로 파악한 해답

돈을 주고 사는 것이므로 '얼마에 살 것인가?' 혹은 '무엇을 위해서 살 것인가?' 하는 관점에서 다음과 같은 기준을 생각할 수 있다.

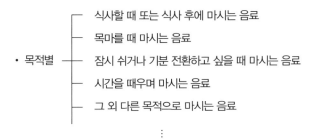

- 목적별
  - 식사할 때 또는 식사 후에 마시는 음료
  - 목마를 때 마시는 음료
  - 잠시 쉬거나 기분 전환하고 싶을 때 마시는 음료
  - 시간을 때우며 마시는 음료
  - 그 외 다른 목적으로 마시는 음료

⋮

확인 시중의 자판기에서 판매되는 음료를 그룹핑하라는 지시를 받았을 때, 음료의 구입 목적을 기준으로 정리하기란 사실 상당히 어렵다. 음료는 식사하면서도 마시고 목이 마를 때도 마시므로 상황에 중복이 발생한다. 하지만 정밀한 MECE가 아니더라도 새로운 오피스 빌딩에 설치할 자판기를 선정하는 데 참고하겠다는 총무부장의 목적을 생각하면, 음료를 구입 목적별로 정리하는 방법은 큰 도움이 된다. MECE를 정밀하게 작성하는 데 가치가 있는 게 아니다. 무엇보다 상대에게 가치가 있어야 한다.

③ '음료'를 MECE로 파악한 해답

'양은 어느 정도인가', '어떤 용기에 담겨 있는가' 등의 기준을 떠올릴 수 있다. 다이어트 중인 사람에게는 '칼로리는 얼마인가'도 좋은 기준이다. 1년 내내 마시는 음료인지 특정한 계절에만 마시는 음료인지 또한 고려할 수 있다.

- 용량별
  - 125밀리리터 이내의 음료
  - 126~250밀리리터의 음료
  - 251~350밀리리터의 음료

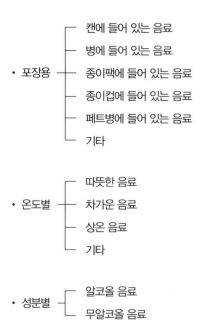

- 포장용
  - 캔에 들어 있는 음료
  - 병에 들어 있는 음료
  - 종이팩에 들어 있는 음료
  - 종이컵에 들어 있는 음료
  - 페트병에 들어 있는 음료
  - 기타

- 온도별
  - 따뜻한 음료
  - 차가운 음료
  - 상온 음료
  - 기타

- 성분별
  - 알코올 음료
  - 무알코올 음료

확인 아무리 애써도 MECE의 기준이 떠오르지 않는다면 다음과 같은 방법도 있다.

긴급 대책 1 전체 집합에 들어갈 부분 집합의 특징을 한 가지 떠올린다. 다음으로는 그 특징과 대치되는 개념은 무엇인지, 이외에 어떤 부분 집합이 있는지 생각해본다. 'A'와 'A 이외'는 어떤 때라도 MECE이므로, A를 결정한 뒤에 A 이외의 부분을 더 나눌 수 있는지 확인한다. 만약 더 나눌 수 없다면 그 방법은 의미가 없는 경우가 많으니 주의해야 한다.

긴급 대책 2 생각난 대로 요소를 열거한 뒤 그룹핑해 기준을 추출한다. 이것이 가장 쉬운 접근법이지만 누락이나 중복이 발생할 수 있는 방법이라 비효율적이다. 그러므로 최후의 수단으로 써야 한다.

확인 기준의 정의가 명쾌한지, 사람마다 해석에 차이가 발생하지는 않을지 확인한다. 예를 들어, 스포츠 음료라는 카테고리를 만들었다고 하자. 그런데 사람에 따라 어떤 음료를 스포츠 음료라고 하기도 하고 아니라고도 한다면 이것은 MECE 기준으로 적절하지 않다. 이런 경우에는 우선 스포츠 음료의 정의부터 확실히 할 필요가 있다.

확인 음료 성분이라는 기준으로 '비타민 C가 함유돼 있는지 아닌지', '칼슘이 들어 있는지 아닌지' 등 여러 가지를 떠올릴 수 있다. 이때 무엇보다 상대의 목적에 부합하는 기준을 찾아내자. 비타민 C나 칼슘 같은 성분의 유무는 확실히 MECE의 한 가지 기준이다. 하지만 총무부장이 지금 알고자 하는 문제의 답변의 기준은 아니다. 성분을 기준으로 나눌 때 의미가 있는 것은 알코올, 무알코올, 차와 커피류, 과즙류, 유제품류, 기타 정도일 것이다.

문제1 세상에는 다양한 도시락이 있으며 그 종류는 점점 더 많아지고 있다. '세상에 있는 도시락'을 전체 집합으로 했을 때 어떻게 정리할 수 있을까. MECE 개념을 적용해보자.

힌트 불고기 도시락, 생선 구이 도시락 등 도시락을 재료별로 열거하면 끝이 없다. 도시락은 시중에서 판매하는 것만 있는가? 또한 가게에 직접 가서 사는 도시락만 있는가?

힌트 시중에서 판매하는 도시락을 한층 더 나눌 때 어떤 점에 착안해야 할까? 도시락 자체의 어떤 점인가? '산다'는 요소를 육하원칙(5W1H)으로 분해하면 어떻게 될까?

문제2 최근 텔레비전 프로그램이 비약적으로 증가하면서 텔레비전 프로그램 편성표는 신문의 지면에서 비중이 높아지고 있다. 지금 방영 중인 텔레비전 프로그램을 MECE로 정리해보자.

힌트 텔레비전 프로그램의 어떤 점에 착안할 것인가? 방송국? 시간대? 장르? 전파의 종류?

문제3 고객을 대상으로 한 영업 활동은 전체적으로 어떻게 파악할 수 있는가? 당신의 기업이 실제로 실시하고 있는지 아닌지는 차치하고, 이론적으로 어떻게 파악할 수 있는지를 MECE로 정리해보자.

힌트 고객에 대한 영업 활동을 '고객'과 '영업 활동'으로 나누어 각각을

MECE로 정리해보자. 누구를 대상으로? 무엇을? 어디에서? 이런 식으로 육하원칙으로 생각하면 영업 활동의 기준은 열 가지쯤 나올 것이다.

문제4 당신의 회사를 전혀 알지 못하는 사람에게 당신의 회사가 고객에게 제공하는 서비스를 설명한다고 가정해보자. 전체 상황을 알기 쉽게 MECE로 정리하자.

힌트 전체 집합은 기업이 고객에게 제공하는 서비스로, 바꿔 말하면 '고객이 받을 수 있는 가치'다. 절대로 당신 회사가 실행하고 있는 업무가 아니다.

문제5 당신의 업무 전체를 그 업무 내용을 전혀 모르는 사람이라도 쉽게 알 수 있게 MECE로 정리해보자.

힌트 당신은 업무의 어떤 점에 착안할 것인가? 업무의 성격? 종류? 거래처? 또한 그 기준은 당신의 업무를 전혀 알지 못하는 상대가 봤을 때 전체적으로 이해하기 쉬운가?

/ 2 /

그룹핑에 강해지자

언뜻 보기에 맥락 없이 나열된 정보를 전체가 파악되도록 MECE로 그룹핑해보자.

● 예 제 ●

알파은행에는 지점마다 고객의 의견을 듣기 위한 '고객의 소리함'이 설치돼 있다. 당신이 근무하는 지점에는 이번 달에 다음과 같은 다양한 의견이 수렴됐다. 당신이라면 어떻게 정리할지 MECE로 그룹핑해보자.

1. 안내 직원이 활기차서 기분이 좋다.

2. 발간된 지 오래된 잡지가 비치돼 있다.

3. 창구 직원의 설명이 명확하다.

4. 일반 업무 외의 상담 창구가 적어서 오래 기다려야 한다.

5. 소파가 지저분하다.

6. 캐릭터가 귀엽다.

7. 상품에 독창성이 없다.

8. ATM의 기종이 낡아 불편하다.

9. 전화 문의 시 담당자와 연결되는 데 시간이 많이 걸린다.

10. ATM을 사용할 때 대기 시간이 짧아 용무를 빨리 마칠 수 있다.

11. 주차장이 넓어 편리하다.

12. 증정품이 적다.

사고방식과 해답 사례

1단계. 과제=전체 집합을 확인한다

과제는 '영업점에 접수된 고객의 의견을 어떻게 정리할 것인가?'이며, 전체 집합은 15가지 고객의 의견이다.

2단계. MECE의 기준을 찾는다

곧바로 각각의 정보를 분류하려 들지 말고 과제에서 MECE 기준을 먼저 떠올린다. '영업점에 접수된 고객의 의견'이라는 과제에서 MECE의 기준을 찾아보자.

① 초급편 해답

현재 상황에 대한 '칭찬과 질책', '만족과 불만'이라는 기준이 떠오른다면 이제 당신의 머릿속에 MECE가 정착됐다고 할 수 있다. MECE의 기준을 생각할 때는 각 정보의 세세한 표현에 얽매이지 말고 정보를 수집한 목적을 생각해보자. 이 예제는 고객의 의견에서 서비스 개선에 대한 실마리를 얻는 것이 목적인데, 다음처럼 하면 15가지 요소를 중복과 누락 없이 그룹핑할 수 있다.

```
        ┌─ 만족 사항: 1, 3, 6, 10, 11
        └─ 불만 사항: 2, 4, 5, 7, 8, 9, 12, 13, 14, 15
```

확인 '현재 있는 것에 대한 평가'와 '현재 없는 것에 대한 요구와 제안'으로 나누는 방법을 생각하는 사람도 있을 수 있다. 물론 이것은 개념 면에서 분명 MECE다. 하지만 여기에 제시된 15가지 고객의 안건은 모두 지금 있는 것에 대한 의견이라 '현재 없는 것에 대한 요구와 제안'이라는 그룹핑에 넣을 사항이 하나도 없다. 이런 상황이라면 기준 자체가 아무리 MECE에 맞는다 해도 그룹핑의 기준으로는 부적합하다.

3단계. 크게 묶은 그룹별 내용을 다시 MECE로 나눌 수 있는지 생각한다

현재 상황에서는 불만 사항에 포함되는 요소가 훨씬 많아 고객의 불만을 전체적으로 파악하기 어렵다. 따라서 불만 사항을 더 세부적으로 그룹핑할 수 있는지 고려해야 한다. 그러면 다음처럼 다시 그룹핑할 수 있다.

```
불만 사항 ┌─ 주차장과 ATM 등 유형 요소와 관련한 내용: 2, 4, 5, 8
         └─ 직원의 대응과 상품 등 무형 요소와 관련한 내용: 7, 9, 12, 13, 14, 15
```

② 중급편 해답

MECE 기준으로 맨 먼저 만족 사항과 불만족 사항이 아니라 '유형 요소와 무형 요소'를 떠올린 사람도 있을 것이다. 그런데 같은 유형 요소 중에서도 잡지나 주차장 등은 성격이 상당히 다르므로 한 단계 더 정리해보면 다음과 같다.

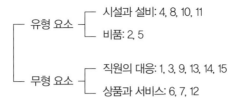

이때 '시설과 설비, 비품은 정말로 MECE인가', '상품은 분명히 무형 요소에 포함되는가' 하는 의문이 생길지 모르지만, 그 무엇보다 상대가 보았을 때 전체적으로 파악하기 쉬워야 하는 게 중요하다. 그리고 시설과 설비, 비품이 엄밀하게 MECE라는 것보다 유형 요소가 규모와 비용 면에서 대·중·소로 나뉜다는 사실을 상대와 공유할 수 있으면 된다.

4단계. 누락되거나 중복된 사항이 없는지 확인한다

그룹핑을 다시 한번 살펴보자. 중복되거나 누락된 정보가 없는지, 기준 자체가 MECE에 부합해도 같은 그룹에 포함된 요소가 지나치게 많지는 않은지 재확인한다.

③ 상급편 해답

고객 의견은 개선에 도움이 되지 않으면 의미가 없다. 따라서 고객이 말한 불만 사항을 정리하는 기준으로 대응과 개선의 '주체와 시기, 비용'을 설정할 수 있다. 일례로 다음처럼 나눌 수 있다.

- 주체 ┬ 자신이 속한 영업점만 개선할 수 있는 사항
        └ 전 지점 차원에서 대응이 필요한 사항

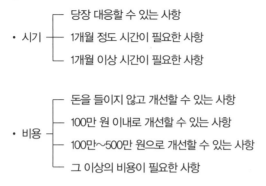

- 시기 ─┬─ 당장 대응할 수 있는 사항
       ├─ 1개월 정도 시간이 필요한 사항
       └─ 1개월 이상 시간이 필요한 사항

- 비용 ─┬─ 돈을 들이지 않고 개선할 수 있는 사항
       ├─ 100만 원 이내로 개선할 수 있는 사항
       ├─ 100만~500만 원으로 개선할 수 있는 사항
       └─ 그 이상의 비용이 필요한 사항

　　개선 대책을 마련하기 위해 15가지 고객의 의견을 정리한 이 기준은 특히 비즈니스에서 사용하기에 무척 편리하다.

확인 MECE의 기준을 도저히 찾을 수 없다면 또 다른 방법이 있다. 공통된 성격을 지닌 요소를 하나로 분류하고 그룹명이나 제목을 붙인다. 그런 다음 제목을 실마리로 삼아 기준을 찾는 것이다. 이 방법을 사용할 때는 반드시 그룹명이 전체적인 MECE가 되는지 확인하라.

문제1 다음은 어떤 독신 남성이 한 달 급여를 지출한 내역을 열거한 것이다. 이 사용 내역을 그룹핑해보자.

급여 사용 내역

임차료, 공과금, 결혼정보회사 회비, 여행비, 구내식당 식권 구입비, 미용실 비용, 주유대, 주차비, 용돈, 식비, 교제비, 소개팅 비용, 생명보험 및 자동차보험 비용, 정기예금, 도서 구입비, 영어회화 학원비

힌트 급여 사용 내역의 항목에만 신경 쓰지 말고 목적이나 성격을 고려하면 큰 정리 기준을 찾기 쉽다. 이를테면 지출 내역에는 매월 정액으로 지출하는 항목과 금액이 변동되는 항목이 있다.

문제2 다음은 '애완견 사료 업계 현황'이라는 주제로 수집한 정보다. 어떻게 그룹핑할 수 있을까.

애완견 사료 업계의 현황

1. 애완견 주인은 사료의 성분을 중요하게 여기므로 화학조미료나 보존료를 사용한 상품은 평판이 좋지 않다.
2. 동물약 제조사가 애완견의 건강을 전면에 내세운 상품을 잇달아 출시하면서 상품 수는 3년 전의 다섯 배에 이른다.
3. 당사가 작년에 특허를 취득한 조합 사료에는 신진대사를 촉진하는 기능이 있

다. 이 점이 전문가들의 주목을 받았고 점차 애완동물 잡지에 소개되고 있다.

4. 치료식을 전문으로 취급하는 의료 자재 제조사는 동물병원에만 한정적으로 치료식을 공급한다. 일반 유통 채널에서는 치료식을 구입할 수 없다.

5. 반려동물 용품 제조사에서 출시한 기존 상품은 맛이 다양하지 않아 애완견이 금세 싫증을 내므로 주인들의 불만이 많다. 또한 차별화가 어려워서 가격 경쟁이 시작되려고 한다.

6. 당사의 브랜드는 예전부터 애완견 사료 시장에서 부담 없는 가격에 안심하고 살 수 있다는 좋은 평가를 받고 있다. 또한 원가 경쟁력도 높다.

7. 동물용 사료 제조사 중 한 곳에서 애완견의 비만 예방용 사료를 판매하고 있다. 이 제품은 건강식으로 차별화돼 있지 않아서 보통 사료와 함께 판매점에서 판매된다.

8. 최근 수년간 반려동물로 애완견을 키우는 인구가 급증하는 가운데, 애완견을 가족의 일원으로 대하는 사람들이 늘고 있다. 사람들이 반려동물에게 쓰는 비용도 해마다 증가하고 있다.

9. 당사는 머지않아 다이어트와 건강에 초점을 맞춰 칼로리를 억제한 애완견 사료를 시장에 출시할 예정이다.

10. 애완견을 가족의 일원이라고 인식해 가능한 맛있고 건강에도 좋은 다양한 사료를 먹이고 싶어 하는 주인이 늘고 있다. 매일 다른 사료를 주는 비율이 5년 전보다 네 배로 증가했다.

11. 애완견 사료의 상품 수는 매년 증가 추세에 있다. 애완견을 키우는 사람들은 입소문으로 알게 된 다양한 상품을 사용해보는 경향이 있어서 특별히 시장을 독점하고 있는 상품은 없다.

힌트 애완견 사료 업계 현황을 전체 집합으로 했을 때 이를 인식하는 MECE 기준이 무엇인지 생각해보자.

문제3 당신은 식품회사의 파스타 소스 사업부에 근무하게 됐다. 한시바삐 부서 내의 자료를 읽어보려고 상사에게 상담했더니 이런 대답이 돌아왔다. "우선은 우리 신제품인 미트 소스 라이트에 관한 내용을 파악하길 바라네. 분석 자료가 많으니 다음 자료 일람표를 보고 필요한 것을 말해보게."

어떤 자료가 있는지 그룹핑해서 전체상을 파악해보자. 이 문제는 힌트 없이 연습해보라.

신제품 미트 소스 라이트 관련 자료 일람표

자료 1: 파스타와 파스타 소스의 시장 규모 추이

자료 2: 경쟁사인 B사의 매출 추이와 그 배경

자료 3: 미트 소스 라이트의 상품 콘셉트

자료 4: 파스타 소스에 대한 소비자의 변화

자료 5: 미트 소스 라이트를 취급하는 유통 채널

자료 6: 경쟁사 A사의 파스타 소스 매출 추이

자료 7: 파스타 소스의 패키지, 판매 및 유통 채널의 동향

자료 8: 당사의 저가격대 상품군과 경쟁사 동종 상품의 가격 비교

자료 9: 경쟁사 C사 고급 상품군의 현재 상황

자료 10: 미트 소스 라이트의 프로모션

제4장

이야기의
비약을 없앤다

사람들은 자신이 내린 결론을 설명할 때 아주 자연스럽게 '그래서', '따라서', '이렇듯'이라는 말들을 사용하는데, 상식적으로 이 단어들의 앞뒤가 연결되지 않고 이야기가 비약되면 커뮤니케이션에 문제가 생긴다. 상대가 전달자의 이야기를 이해하지 못하거나, 양측 모두 내용을 건너뛴 것을 깨닫지 못한 채 대화가 엉뚱한 방향으로 흘러가기도 한다.

그러므로 전달자는 '그래서', '따라서', '이렇듯'의 앞뒤 이야기가 비약되지 않도록 하고, 전하려는 결론과 근거 또는 결론과 방법의 맥락을 상대가 쉽게 이해하도록 하는 것이 무척 중요하다. 이때 필요한 기술이 So What?/Why So?다.

1. So What?/Why So?는
이야기의 비약을 없애는 기술이다

So What?은 수집한 정보와 소재에서 '결국 어떻다는 것인지'를 알아내는 작업이다. 바꿔 말하면 '그래서', '따라서', '이렇듯' 앞에 오는 정보나 소재에서 과제의 답변에 맞는 중요한 핵심을 추출하는 작업을 뜻한다. 그리고 그 뒤에 오는 내용은 앞의 정보에 대해 'So What?(그래서?)'이라고 물었을 때의 대답이다.

중요한 것은 So What?이라는 물음에 준비한 정보와 자료로 확실하게 설명할 수 있어야 한다는 점이다. 왜 그렇게 말할 수 있는지, 구체적으로 무슨 뜻인지를 검증하고 확인하는 것이 'Why So?(왜 그렇지?)'에 해당한다.

이를 [도표 4-1]로 보다 상세하게 설명해보겠다. A, B, C라는 정보를 So What?한 것이 X라고 하자. X에 대해 Why So?라고 질문했을 때 A, B, C가 대답이 되는 관계를 만드는 것이 이야기의 비약을 없애는 비결이다. 결론과 근거, 결론과 방법 또는 근거나 방법 가운데 몇 가지 단계가 있다고 치면 그 단계 사이의 관계를 이처럼 밀접한 관계로 만드는 것이다.

So What?/Why So?는 결론과 근거라는 답변 요소 간의 관계뿐만 아니라 하나의 도표 혹은 하나의 문장 단위에도 활용할 수 있는 기술이다. 간단한 도표로 So What?/Why So?의 감각을 길러보자. [도표 4-2]에서 무엇을 알 수 있는지 So What?으로 생각하도록 한다. 만약 어렵다

So What? 전달자가 갖고 있는 자료 전체, 또는 그룹핑한 자료 중에서 과제에 비추
          어 말할 수 있는 내용의 핵심을 추출하는 작업이다.
Why So?   So What?한 요소의 타당성을 자료 전체 혹은 그룹핑한 요소로 증명할
          수 있다는 사실을 검증하는 작업이다.

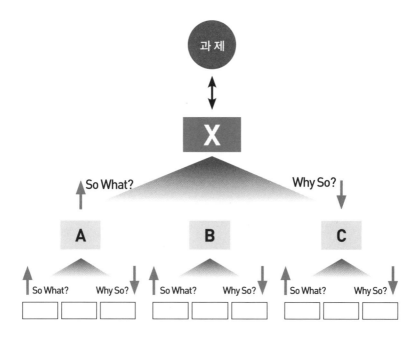

면 "이 도표에서 ○○라고 할 수 있습니다." 하고 설명하는 상황을 연
상하면 된다. So What?한 내용에 대해 정말로 그렇게 말할 수 있는지
를 Why So?라고 물었을 때 이 도표로 확실히 설명할 수 있어야 한다.

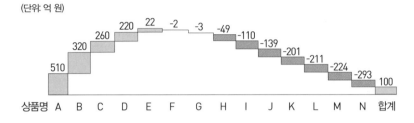

(단위: 억 원)

| 510 | 320 | 260 | 220 | 22 | -2 | -3 | -49 | -110 | -139 | -201 | -211 | -224 | -293 | 100 |

상품명 A B C D E F G H I J K L M N 합계

Z사의 수익 현황을 설명한 다음 두 가지 사항은 어떤가?

- 전체 14개 상품 중에서 수익이 오르고 있는 상품은 다섯 개뿐이며 나머지 아홉 개는 적자다.
- 상품 A, B, C, D로 올린 수익의 70퍼센트를 상품 K, L, M, N의 적자가 깎아먹어 결과적으로 100억 원의 수익밖에 올리지 못했다.

두 항목 모두 왜 그렇게 말할 수 있는지를 물으면 분명히 이 도표에서 Why So?를 설명할 수 있으므로 두 항목 모두 올바르게 So What?됐다고 할 수 있다. 그렇다면 다음 사항에서는 올바른 So What?이라고 할 수 있을까?

- 상품 J의 수익 적자를 상품 C로 벌충한다.
- Z사의 수익성을 높이기 위해 100억 원 이상의 적자를 내는 상품

은 철수 방안을 검토하고 고수익을 내는 네 개 상품을 중심으로 사업을 전개해야 한다.

각각의 사항에 Why So?라고 물었을 때 이 도표로 설명할 수 있을까. 전자를 살펴보면 분명 상품 C의 수익은 상품 J의 적자보다 크지만 J의 적자를 C가 벌충하고 있는지 아닌지는 알 수 없다. 또한 후자와 관련해서 분명 적자 상품이 약 65퍼센트를 차지해 애써 창출해낸 수익을 갉아먹고 있는 상황임을 고려하면 적자 상품은 철수하는 편이 낫다고 판단할 수 있다.

하지만 왜 100억 원이 철수의 기준이 되는지, 그리고 정말로 철수해야만 하는지는 도표 정보만으로는 판단할 수 없다. 즉, 이 두 가지 모두는 Why So?를 이 도표로 설명할 수 없다. So What?/Why So?의 관계가 성립되지 않으니 올바른 So What?도 아니다. 해당 사례가 어처구니없어 보일지 모르지만 Z사는 실제로 존재하는 기업이다(물론 데이터는 가공으로 작성했다).

문서든 구두 설명이든 전달자가 제시한 정보로 Why So?를 설명할수 없다면 상대는 매우 이해하기 힘들다. 사람들은 보통 제시된 자료를 근거로 전달자의 말을 이해하기 마련이다. 그런데 자료를 아무리 So What?하며 짜 맞춰도 전달자의 결론에 이르지 못하거나, 전달자의 결론을 이해하기 위해 Why So?라고 여러 번 검토해도 납득 가지 않는 상황이라면 결국 제대로 된 커뮤니케이션이라고 할 수 없다. 더군다나 전달자 입에서 "여기에는 해당 정보가 없습니다만….."이라든가 "실은 여

기에 없는 이런 데이터도 함께 생각하면….” 같은 말이 튀어나왔다면
사태가 심각하다고 할 수 있다.

So What?/Why So?하는 습관을 들여라

MECE는 기본적인 기준의 종류를 파악하고 차츰 늘려가면 점점 익숙
해진다. 하지만 So What?/Why So?는 완전히 머릿속에서 이루어지는
작업이라 무작정 외운다고 되는 게 아니다. 이 기술을 잘 활용하려면
평소에 ‘그렇다면 이 자료에서 무엇을 알 수 있는가?’, ‘결국 이 이야기
에서 중요한 것은 무엇인가?’ 하고 생각하는 습관을 들여야 한다.

상사라면 “고객에게 전화가 걸려 왔는데요….”라고 주절주절 계속
되는 부하의 말허리를 자르며 “그래서 결론은 고객이 뭐라고 했다는
건가?” 하고 질문해본 적이 있을 것이다. 이럴 때 “결론은?”이라는 질
문에 부하가 쩔쩔매는 상황도 참 난감하지만, 부하가 정리한 내용이
앞뒤가 맞지 않아서 상사가 일일이 확인해야 하는 상황은 더 골치 아
프다. 게다가 “결론은 이렇습니다.”라고 한 부하의 보고만 믿고 고객에
게 응대했는데 아무래도 이야기가 서로 맞지 않아서 자세히 확인해보
니 부하가 말한 결론이 완전히 요점을 빗나가 있다면 얼마나 황당한가.
그러니 So What?을 하면 반드시 Why So?로 확인해야 한다. 이 습관은
비즈니스에서 매우 중요하다.

한편 중간관리자 중에는 “부하가 말귀를 못 알아들어.”, “부하의 이
해력이 부족해.” 하고 한탄하는 사람이 많다. 그러나 이런 사람일수록

상사에게 지시받은 내용을 그대로 부하에게 전달만 할 뿐, 자신의 언어로 So What?하지 못하거나 Why So?가 없는 지시를 내리고 있을 확률이 높다.

이에 비해 조직에서 이해력이 빠르다고 평가받는 사람들은 대부분 자료를 읽거나 상대의 말을 들으면서 결론과 중요한 핵심을 재빨리 정확하게 추출하는 등 So What?하는 능력이 뛰어나다. 중간관리자는 조직 내에서 정보의 연결고리 역할을 하기 때문에 조직의 커뮤니케이션 능력을 크게 좌우한다. 그러므로 중간관리자야말로 So What?/Why So? 능력의 개발이 반드시 필요하다.

So What?/Why So?를 평소에 연습해보자. 예를 들어 신문이나 잡지를 읽을 때도 반드시 So What?을 의식하면 실력이 나아질 것이다.

2. 두 종류의 So What?/Why So?

MECE에는 완전히 요소를 분해할 수 있는 MECE와 약속 사항으로서의 MECE가 있다. So What?/Why So?에도 두 종류가 있다. 첫째는 현상이나 사실의 핵심을 정확히 설명하는 '관찰'의 So What?/Why So?다. 둘째는 현상이나 사실을 근거로 공통 사항 또는 메커니즘을 파악하는 '통찰'의 So What?/Why So?다.

관찰의 So What?/Why So?

이야기가 비약하는 원인은 전달자가 생각지도 못한 사소한 부분에 감춰져 있다. 도표나 그래프에 나타난 데이터든 기사나 사내 문서에 문장으로 정리된 정보든, 이를 읽는 사람 모두가 '결론적으로 이 자료에서 무엇을 알 수 있는가' 하는 사실을 똑같이 파악하지는 못한다.

인간은 누구나 자신의 관심사나 평소 익숙한 문맥에 의존해서 문제와 상황을 해석하려고 한다. 어떤 정보가 나타내는 사실을 상대도 똑같이 관찰하고 있지는 않다는 소리다. '굳이 So What?을 전달하지 않더라도 읽어보면 알겠지'라고 생각하는 데에 바로 함정이 있다.

기업의 사업계획서 중에서 자료에 제목이 붙어 있으면 그나마 괜찮은 편이라 할 수 있다. 비즈니스 현장에서 보면 읽는 사람에게 어떤 사실을 알리고 싶은지 So What?을 명시한 자료도 드물고, 자료의 이해도를 높이려고 글을 극단적으로 줄이고 도표화한 경우도 많다. 하지만 글과 달리, 누가 봐도 똑같이 이해할 수 있는 도표를 만드는 것은 굉장히 어렵다. 또한 비즈니스에서는 서로 논의가 헛도는 일이 종종 발생한다. 한 가지 사실을 모두 똑같이 인식하는데 서로 주장이 다르다면 논의할 가치가 있으나 안타깝게도 애초에 같은 사실을 서로 다르게 인식하는 경우가 너무나 많다.

우선 사실을 올바르게 관찰하고, 상대가 그 관찰 결과를 똑같이 이해할 수 있도록 명시하라. 이것이 이야기를 비약시키지 않는 첫걸음이다.

관찰의 So What?은 제시한 사실을 전체 집합으로 두고, 그걸 통해서

할 수 있는 이야기를 요약하는 작업이며, 관찰의 Why So?는 요약된 관찰 결과를 요소 분해하여 검증하는 작업이다. [도표 4-2]에서 생각한 So What?/Why So?는 관찰의 So What?/Why So? 바로 그것이다.

관찰의 So What?/Why So?에 대한 감각을 기르기 위해서 다음 예제를 풀어보자.

● 예제 1 ●

다음 도표는 파스타 소스를 만드는 A사에 대한 통계 자료다. 이 도표로 관찰의 So What?을 생각하고 Why So?로 검증해보자.

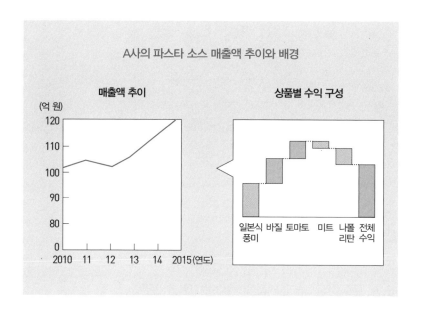

일본식 풍미 소스의 주요 고객층 연령 분포

기타 20
70대 이상 15
60대 20
50대 25
40대 20

(단위: 퍼센트)

일본식 풍미 소스에 대한 고객 의견

시니어층을 대상으로 한 상품 카탈로그에서 알게 돼 애용하고 있다. 지금까지 스파게티는 별로 먹지 않았지만 일본식 풍미여서 맛있게 잘 먹고 있다. – 60대 여성

이탈리아 음식이라고 하면 기름기가 많고 칼로리가 높다고 생각해왔다. 그런데 일본식이라서 기름기가 적어 안심된다. 카탈로그 판매도 하고 있다니 꼭 주문해보고 싶다. – 50대 여성

카탈로그 쇼핑을 이용하는 친구에게 들어 알게 됐다. 남편은 양식을 좋아하지 않지만 일식만 먹으면 지겨워해서 일본식 풍미 소스로 파스타를 만들었는데, 남편은 아무래도 일식이라고 생각했는지 젓가락으로 파스타를 먹었다. – 60대 여성

사고방식과 해답 사례

1단계. 도표의 주제, 곧 전체 집합이 무엇인지를 확인한다

So What?/Why So?에서도 출발점은 과제 또는 주제의 확인이다. 이 단계

에서 잘못하면 엉뚱한 방향으로 So What?하게 된다. 세 가지 그래프로 구성된 도표의 과제는 'A사의 파스타 소스 매출액 추이와 배경'이다. 따라서 So What?된 내용은 'A사의 파스타 소스는 ○○의 영향으로 매출이 증가하고 있다(또는 감소하고 있다)'라는 식이 된다고 예상할 수 있다.

2단계. 각각의 사실을 관찰하고 Why So?로 확인하면서 So What?을 생각한다

이렇게 여러 그래프가 제시될 때는 단번에 So What?하려고 들지 말고 하나씩 관찰의 So What?을 해야 한다.

꺾은선그래프는 2010년부터 2015년까지 파스타 소스의 매출액 추이다. 2012년 무렵부터 매출이 급격히 증가하고 있다는 사실이 So What?되고 Why So?로 검증된다.

막대그래프는 회사 전체의 수익을 상품별로 보았을 때 어떤 상품이 어느 정도 수익을 벌어들이는지 보여준다. 일본식 풍미 소스가 가장 수익이 높고 회사 전체 수익의 약 70퍼센트를 차지하고 있다는 사실이 So What?/Why So?된다. 또한 바질 소스와 토마토 소스는 흑자, 미트 소스와 나폴리탄 소스가 적자라는 점도 알 수 있다.

원그래프는 일본식 풍미 소스가 어떤 고객층에게 인기 있는지 보여주는데, 40대 이상의 고객이 전체의 80퍼센트를 차지했다. 그리고 고객 의견에서는 공통적으로 일본식 풍미라는 점과 시니어층 대상의 카탈로그가 꼽혔다.

3단계. 도표의 주제를 근거로 각 관찰의 So What?을 요약한다

'A사의 파스타 소스 매출액 추이와 배경'이라는 주제, 즉 과제에 적합한 답변이 되도록 세 가지 그래프를 관찰하여 So What?을 요약한다. 아무래도 회사 전체의 성장과 일본식 풍미 소스의 기여를 중심으로 판단하는 것이 좋다.

'A사에서는 3년 전부터 매출이 순조롭게 증가하고 있다. 일본식 풍미 소스가 40대 이상 시니어층에게 상품 카탈로그를 중심으로 인기를 얻어 지금은 A사 수익의 버팀목이 되고 있다.'

이 메시지에 Why So?라고 질문해서 나온 세 가지 사실만으로 답변할 수 있는지를 검증한다.

확인 So What?할 때는 상대가 이미지를 떠올릴 수 있도록 정리하는 것이 중요하다. 관찰의 So What?이 사실 요약이라고 하면 무턱대고 짧게 줄이려고 하거나 추상적인 표현으로 그럴듯하게 말하려는 사람이 많다. 그 결과 '시장은 변화하고 있다', '경쟁사는 시장의 변화에 대처하고 있다', '당사는 시장의 변화를 따라가지 못하고 있다'와 같은 So What?을 하기 쉽다.

하지만 이렇게 하면 시장이 무엇에서 무엇으로 어떻게 변화하고 있는지, 경쟁사는 시장의 어떤 변화에 구체적으로 어떻게 대응하고 있는지, 당사는 구체적으로 어떤 상황이며 당사의 대응은 시장의 변화와 얼마나 괴리가 있는지를 전혀 알 수가 없다. 상대가 다시 한번 '그게 구체적으로 어떤 거지?' 하고 머릿속에서 생각해야 한다면 그것은 의미가 없다.

당신이 전달한 관찰의 So What?을 듣고 읽음으로써, 그 사실을 보지 못한 상대가 당신처럼 사실을 그려내고 구체적으로 이미지를 떠올릴 수 있어야 한다. 이 점이 중요하다는 것을 염두에 두고 집중 트레이닝으로 연습해보자.

통찰의 So What?/Why So?

통찰의 So What?/Why So?는 어떤 상황을 나타내는 여러 자료에서 일정한 규칙과 법칙성이라든지, 회사가 취할 대책이나 회사에 미치는 영향을 생각하게 하는 어떤 정보로부터 종류가 다른 정보를 이끌어내는 작업이다.

특정 과제를 설정하고 관찰의 So What?/Why So?를 주시하면 과제의 답변에 대한 가설이 떠오를 것이다. 가설을 세우는 작업은 통찰의 So What?/Why So?의 일환으로 사실을 드러내는 정보에서 업계의 구조나 회사가 해야 할 일 등 종류가 다른 사고와 판단을 이끌어내는 것이다.

이에 비해 관찰의 So What?/Why So?는 상황을 나타내는 자료에서 '결국 어떤 상황인지', 또는 취해야 할 대책의 설명에서 '결국 어떤 행동을 해야 하는지'를 추출하는 것이다. 즉, 상황이면 상황, 대책이면 대책, 이런 식으로 같은 종류의 정보 가운데서 요점을 추출하는 작업이다. 이 점이 바로 관찰과 통찰의 차이다.

그렇다면 통찰의 So What?/Why So? 질문에 답변의 소재가 될 수 있는 것은 무엇일까. 물론 관찰의 So What?/Why So?는 그중 하나다. 하지만 그뿐만이 아니다. 누구나 공통으로 타당하다고 인정하는 세상의 상식과 도리, 또는 전달자와 전달받는 자가 공통된 인식을 갖고 있는 일이나 전제조건(이를테면 기업 이념과 사업의 전제 조건 등), 그리고 이론적으로 옳다고 증명할 수 있는 MECE의 개념도 답변의 소재가 될 수 있다.

다음의 예제로 통찰의 So What?/Why So?의 감각을 길러보자.

● 예 제 2 ●

당사는 파스타 소스를 만드는 식품 회사다. 다음은 경쟁사 A, B, C의 현황을 정리한 자료다. 각 회사의 입장에서 경쟁사의 동향에 통찰의 So What?/Why So?를 해보자.

A, B, C사의 현황 자료

A사 3년쯤 전부터 매출이 꾸준히 증가하고 있다. 특히 일본식 풍미 소스가 시니어층을 대상으로 한 상품 카탈로그에서 인기를 끌어 수익의 버팀목이 됐다.

B사 편의점에서 간편하게 살 수 있는 수제풍 이탈리안 프리마소스가 독신 여성을 중심으로 큰 인기를 끌고 있다. 이 제품의 매출이 전체 매출의 절반 이상을 차지할 정도로 매출 신장에 크게 기여하고 있다.

C사 고급 식자재점 유통 채널에 한정된 고급 상품군이 도시에서 시장 점유율이 높아졌다. 지금은 매출의 40퍼센트를 차지하는 효자 상품으로 성장해 매출에 기여하고 있다.

사고방식과 해답 사례

1단계. 과제를 확인한다

통찰의 So What?/Why So?에서는 관찰의 So What?/Why So?에서보다 무엇을 So What?할지 확인하는 게 중요하다. 답변 과제는 '경쟁 3사의 현황을 살펴볼 때 어떤 동향을 통찰할 수 있는가?'이다.

2단계. 각각의 사실에 대해 우선 관찰의 So What?/Why So?를 한다

각 회사 정보에서 관찰의 So What?/Why So?로 특징을 생각해보자.

- A사는 일본식 풍미 소스로 시니어층을 공략, 상품 카탈로그를 통해 판매 확대.
- B사는 수제풍 소스로 독신 여성이 타깃, 편의점 활용.
- C사는 고급 식자재점에만 판매하며 타깃은 도시 지역.

이렇게 특징을 정리하면 각 회사의 전략을 분명하게 알 수 있다. 하지만 이것은 아직 관찰의 So What?/Why So?다.

3단계. 관찰의 So What?/ Why So?를 주시하고 각 회사의 상황에서 일정한 법칙성을 이끌어낸다

각 회사에 대해 관찰의 So What?/Why So?를 적용해보면 각자 독자적인 방법으로 성과를 내고 있음을 알 수 있다. 상당한 수익을 올리고 있다는 공통점에 착안해서 매출 향상을 이룬 배경에서 일정한 법칙성을 찾아보면 그 결과는 다음과 같다.

- 경쟁사 모두가 목표로 하는 고객과 시장의 타깃이 명확하다.
  - → 시니어층, 독신 여성, 도시 지역
- 경쟁사가 타깃에게 제공하는 상품에는 명확한 특징이 있다.
  - → 일본식 풍미, 수제풍, 고급 상품
- 경쟁사는 상품을 판매하는 유통망을 특정하고 있다.
  - → 상품 카탈로그, 편의점, 고급 식자재점

이렇듯 타깃 고객, 상품, 유통 채널, 매출 증가라는 결과까지 네 가지 공통점을 꼽을 수 있다. 이를 So What?해서 해답의 사례를 제시하면, '각 경쟁사들은 특징 있는 상품과 판매 방식으로 특정한 고객층을 대상으로 매출 증대와 수익 향상을 이루고 있다'이다.

4단계. Why So?로 검증한다

이 통찰의 So What?에 Why So?라고 물으면 각 회사에 대한 관찰의 So What?과 구체적인 정보가 그 답변이 된다. 이로써 적절하게 통찰의 So What?/Why So?가 이루어졌다는 사실을 확인할 수 있다.

통찰의 So What?은 관찰의 So What?이 전제돼야 한다

누군가로부터 "사실이야 어떻든 나는 이렇게 생각합니다."라는 미래의 대책이나 비전을 들으면 마치 그에게는 남들에게 보이지 않는 것이 보이는 듯하다. 그래서 자칫 통찰의 So What?이 관찰의 So What?보다 가치가 있는 것처럼 여겨지기 쉽지만 이는 큰 착각이다.

필자는 수많은 기업의 커뮤니케이션 실태를 접하면서, 사실을 똑바로 관찰하고 올바르게 So What?할 수 있는 사람이 놀랄 정도로 적다는 것을 알게 됐다.

관찰의 So What?/Why So?를 다른 사람에게 전달하려면 결국 말하든 쓰든 문자 정보로 하기 마련이다. 그럴 때 전달자가 생각한 것을 그대로 상대가 이해하는 일은 매우 드물다. 특히 특정 업무 경험이나 업계 경험이 길면 길수록 그때까지의 경험이나 고정관념이 작용해, 사실을 관찰해서 Why So?를 감당할 수 있는 So What?을 도출하기가 어렵다.

아무도 생각하지 못한 독특한 아이디어는 창의적으로 보이기에 주목을 끈다. 하지만 막대한 리스크와 비용이 수반되는 경우, 상대가 정말로 아이디어를 납득할지는 별개의 문제다. 중요한 것은 전달자가 그 아이디어를 이야기의 비약 없이 상대에게 알기 쉽게 설명할 수 있느냐다. 즉 상대의 Why So?에 답변할 수 있어야 한다. 이때 Why So?의 답변이 "이건 어디까지나 제 의견입니다만…"이라든가, "만약 이런 일이 있다면…"이라고 가정해야만 한다거나, 혹은 세상 사람들의 80퍼센트가 상식적으로 생각해보지 않았을 것 같은 내용이라면 타인을 설득할 수 없다.

커뮤니케이션에 뛰어난 사람은 아무도 생각해보지 않았을 법한 참신한 아이디어를 누구나 이해하기 쉽게 설명할 수 있다. 이것은 정확한 관찰의 So What?/Why So?를 행하고, 새로운 MECE의 개념으로 전체상을 바라보며, 통찰의 So What?/Why So?를 했을 때 가능하다.

So What?/Why So?에 속단은 금물이다

다음 도표를 살펴보자. 그리고 외국계 소매 기업의 일본 시장 진출에 대해 무엇을 So What?할 수 있는지 생각해보자.

일본에 진출한 주요 외국계 소매 기업

진출 시기	회사명	주요 상품	국가
1991년 12월	토이저러스(ToysRus)	완구	미국
1992년 11월	엘엘빈(L.L.Bean)	아웃도어 의류	미국
1994년 9월	에디바우어(Eddie Bauer)	아웃도어 의류	미국
1995년 9월	갭(GAP)	캐주얼 의류	미국
1996년 7월	스포츠 오소리티(Sports Authority)	스포츠용품	미국
1997년 11월	오피스맥스(OfficeMax)	문구 · 사무용품	미국
1997년 12월	오피스디포(Office Depot)	문구 · 사무용품	미국
1999년 4월	코스트코(Costco Wholesale Corporation)	창고형 할인매장	미국
1999년 7월	룸스투고(Rooms To Go)	가구	미국
1999년 10월	부츠(Boots)	드럭스토어	영국
1999년 11월	세포라(Sephora)	화장품	프랑스
2000년 4월	레이(REI. Recreation Equipment, Inc.)	아웃도어용품	미국
2000년 12월	까르푸(Carrefour)	대형 할인매장	프랑스

출처: 《닛케이비즈니스》 2000년 7월 24일호 p36

"도표에서 ○○라고 말할 수 있습니다." 하고 설명하는 상황을 연상하면 된다. 그리고 So What?한 메시지에 대해 정말 그렇게 말할 수 있는지를 Why So?(왜 그렇게 말할 수 있는지)하고 물었을 때 도표로 확실히 설명할 수 있어야 한다는 점이 중요하다.

이 도표의 So What?은 한 가지가 아니다. 아마 이런 이야기를 할 수 있을 것이다.

- 1990년대 일본에 진출한 주요 외국계 소매 기업 가운데 미국 기업이 전체의 약 80퍼센트를 차지한다.
- 1999년 하반기 이후 유럽 기업의 일본 진출이 계속 이어지고 있다.
- 1990년대 외국계 소매 기업의 일본 진출은 거의 절반이 1999년과 2000년에 집중돼 있다.
- 1997년 무렵까지는 아웃도어, 완구, 문구 등으로 업종이 제한돼 있었지만 최근 약 2년 동안 가구, 화장품 등을 포함해 업종이 확대됐다.

이 내용은 모두 도표에서 Why So?를 설명할 수 있으니 올바르게 So What?됐다고 할 수 있다. 그런데 같은 현상을 보더라도 보는 사람의 흥미와 관심이 어디에 있느냐에 따라 So What?의 결과가 다를 가능성이 높다. 기업의 사업계획서를 검토해보면 통계나 분석 내용은 나열돼 있어도 그 자료를 어떻게 읽어야 하는지, 그 자료에서 무엇을 알아낼 수 있는지 So What?을 명시한 자료는 매우 드물다. 그러므로 131페이지에 제시된 것과 같은 도표만 보여주면 상대가 한눈에 알아볼 것이라고 속단해서는 안 된다. 그것은 So What?을 보고받거나 듣는 사람의 해석에 맡기는 형국이다. 전달자는 상대가 자료를 보면 알 수 있을 거라고 안심하지 말고, '결론적으로 이 자료에서 무엇을 알 수 있는지'를 명시해야 한다.

/ 1 /

관찰의 So What?/Why So?에 강해지자

관찰의 So What?/Why So?를 연습해보자. 관찰의 So What?/Why So? 의 사고방식, 해결법은 122페이지에 나와 있는 예제의 해설을 참고하고, 이를 단서로 삼아 문제를 풀어보도록 하자.

문제1 다음 기사는 재기를 도모하는 대형마트 최고경영자의 이야기를 듣는다는 취지로 작성된 글이다. 이 글을 읽고 와타나베 씨의 논점을 So What?해보자.

와타나베 노리유키, 세이유 마트 사장에게 듣는다

세이유가 취급하는 분야가 차례차례로 전문점, 카테고리 킬러, 할인매장에 잠식돼왔다. 저렴한 가격에 원스톱 쇼핑이 가능하기에 고객 확보력이 있었던 종합 슈퍼마켓이 지금은 싼 가격, 다양한 상품 구비, 라이프 스타일 제안 면에서 경쟁력을 잃고 말았다. 무엇이든 얼추 갖춘 대형 마트가 아니라 제대로 된 식품과, 비식품 중 강한 품목에만 집중해 사업을 전개하지 않고서는 경쟁력을 되찾을 수 없다.

우선 종합 슈퍼마켓은 회사 차원에서 전문점을 직접 개발할 필요가 있다. 세이유는 다이크(DAIK)라는 이름의 DIY 관련 매장을 운영하고 있는데, 쇼핑센터에 전문점 성격의 매장을 열 수도 있다. 물론 이것은 하나의 사례로 의류 등의 품목에서도 이 같은 전개를 생각해야 한다. 당사에서 뒤처지는 분야는 세이유 그룹의 전문점, 세존 그룹의 전문점, 그리고 자본 관계가 없는 전문점과 제휴를 구상하면 된다.

매장의 정기 휴일을 줄이거나 영업시간을 심야까지 연장함으로써 영업의 기회를 확대하여 경쟁력 회복의 가능성을 넓히고 있다. 특히 1999년 12월부터 영업시간을 연장한 일부 점포에서는 매출이 증가했다.

역 앞이나 버스터미널에 있는 73개 점포는 밤 9시~11시까지 영업하고 있다. 상권 내에서 그 시간대에 필요한 물건을 살 수 없었던 고객이 상당히 있었다는 뜻이다. 술, 안주, 반찬, 도시락 등이 잘 팔리며 마치 편의점처럼 이용되고 있다는 점이 특징이다.

세이유를 편의점과 비교하면 차이점은 신선 식품을 취급하며 상품 종류가 많다는 것이다. 입지에 따라서는 전기 제품이나 의류를 구입하러 저녁 이후에 매장을 방문하는 고객도 눈에 띄고 비식품의 매출이 증가한 점포도 있다. 영업시간을 연장한 정책이 세이유 매장을 강하게 한다.

출처: 《닛케이비즈니스》 2000년 5월 8일호 p35

힌트 1 관찰의 So What?에서도 우선 할 일은 과제의 확인이다. 이 경우에는 어떤 과제의 답변이 되도록 So What?해야 좋을까.

힌트 2 So What?이 꼭 간결해야 좋은 것은 아니다. 과제에 비추어 여러 논점이 있으면 그것을 요약하면 된다.

문제2 위스키 시장은 크게 둘로 나뉜다. 하나는 제조사가 주류 판매점에 도매로 판매하면 최종 소비자가 구입해서 소비하는 가정용 시장이다. 다른 하나는 제조사가 도매로 거래하는 레스토랑이나 바에서 고객에게 판매되는 업무용 시장이다. 다음 도표는 각각의 시장 규모를 100으로 보고 고객이 위스키를 구입할 때 브랜드를 찾아 구입하는 비율을 비교한 것이다. 이런 위스키 시장의 특색을 관찰의 So What?으로 정리해보자.

여기서 브랜드 지정률은 당사의 브랜드만 지정한 비율이 아니라 시장 전체의 위스키를 통틀어 어떤 브랜드를 하나 정해놓고 구매하는 행동을 취한 고객의 비율이다. 각각의 시장 규모는 알 수 없다.

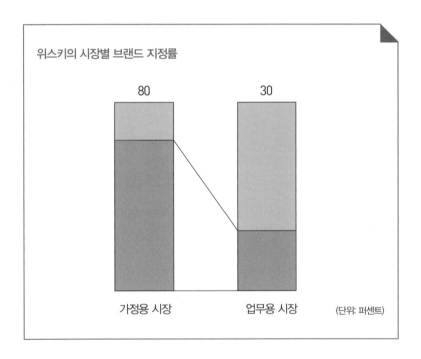

위스키의 시장별 브랜드 지정률

80   30

가정용 시장   업무용 시장   (단위: 퍼센트)

힌트 1 고객이 브랜드를 찾는다는 것은 고객의 적극적인 구입 의사가 있다는 의미다. 이 점은 누구나 납득하는 공통 사항이라고 간주해도 될 것이다.

힌트 2 다음은 위스키 시장의 특색들이다.

① 가정용 시장보다는 업무용 시장이 다양한 브랜드의 위스키를 자유롭게 판매할 수 있기에 매력적이다.
② 당사는 가정용 시장에서 고객 평가가 좋다.
③ 당사는 업무용 시장을 중심으로 공략해야 한다.

이는 모두 옳지 않다. ①과 ②는 Why So?를 해보면 과연 그렇게 말할 수 있을까? 그리고 ③은 So What?할 때 과제의 설정 자체가 틀렸다. 사례의 설정 내용을 다시 확인해보자.

문제 3 다음 도표는 관광객 1만 명을 대상으로 일본 관광지에 '얼마나 가고 싶은지'와 '실제로 가보니 어땠는지'를 조사해 각각의 평균치를 요약한 것이다. 가로축이 방문 의향(얼마나 가고 싶은지) 지수고, 세로축은 평가(실제로 가보니 어땠는지) 지수다. 일본 관광지의 평가에 대해 관찰의 So What?을 해보자.

힌트 1 도표 전체에서 알 수 있는 내용을 So What?해서 추출할 때는 도

일본 관광지에 대한 관광객의 의식

평가 지수

평가 지수 ↓ / 방문 의향 지수 →				
15		마쓰에 운젠	시라카미 산지	
		기타야마자키	구로카와 온천	
10		자오	이리오모테섬	
		히로사키		
	사카타	하코네		
5	다카마쓰	미즈카미 미야자키	요코하마	고베
	야바시리 다카마쓰 후쿠오카	가마쿠라 노토	이즈 이시가키섬	
	미야기자오 구시로	오제 카루이자와	유후인 교토	
	다카야마	다테야마쿠로베	야쿠시마 오키나와	
0	도고	도와다 호수	오타루	
	이부스키	나라 벳푸 온천	하코다테	
	닛코 이세	노보리베쓰 가나자와	후라노	
	리시리레분	구라시키 나가사키	삿포로	
	아사쿠사 사도	하기		
-5	구사쓰	가가 온천		
	아타미 미야지마			
	히로시마 오노미치			
	이카호			
-10	마쓰시마 해안			
-15				
	0 20 40 60 80 100			

방문 의향 지수

- 데이터 산출 방법: 관광객 1만 명을 대상으로 아래와 같이 집계했다.
  - 평가 지수: 관광지를 실제로 가보고 '기대한 것보다 훨씬 좋았다'를 15, '기대한 만큼이었다'를 0, '기대에 훨씬 못 미쳤다'를 −15로 정해 관광객 평가의 평균치를 산출했다.
  - 방문 의향 지수: 관광지별로 '꼭 가보고 싶다'를 100, '가보고 싶다'를 60, '별로 가고 싶지 않다'를 40, '가고 싶지 않다'를 0으로 정해 관광객 평가의 평균치를 산출했다.

출처: (재단법인)일본교통공사 《관광객 동향 2000》을 필자 가공

표를 여러 사분면으로 나누고 MECE 기법으로 분류하면 효과가 크다. MECE를 이용해 사분면으로 그룹을 나누고 사분면에 제목을 붙여보자. 구체적으로 사분면의 특징을 방문 의향과 평가의 두 축으로 정의하자.

힌트 2 하나의 사분면에 있는 여러 관광지를 살펴보고 공통된 특징이 있는지 생각해본다.

힌트 3 '삿포로는 방문 의향은 높지만 막상 가보면 기대치에 못 미치는 결과가 나타난다'는 말은 '삿포로는 어떻게 인식되고 있는 관광지인가?'가 과제라면 올바른 관찰의 So What?이다. 하지만 그 외의 관광지 정보는 전부 무시하고 있는 셈이다. 따라서 도표 전체에 대해 의미 있는 관찰의 So What?이라고 할 수 없다.

힌트 4 Why So?로 검증해보자. 이를테면 '온천 지역은 방문 의향이 높아서 고만고만한 평가(±5 이내)를 얻고 있다'는 올바른 So What?이라고 할 수 없다. 이카호나 아타미도 온천 지역인데 방문 의향과 평가가 모두 낮기 때문이다.

/ 2 /

잘못된 관찰의 So What?/Why So?를
알아차릴 수 있어야 한다

그럴듯하게 정리돼 있으면 관찰의 So What?이 잘못돼도 사람들은 의외로 잘 알아차리지 못한다. 잘못된 So What?을 알아차리느냐 아니냐는 Why So?의 감도에 달려 있다.

문제1 다음 도표에 있는 문장 A는 도표 B를 관찰의 So What?하려고 쓴 글이다. 이것은 올바른 So What?일까? 올바르지 않다면 적절한 관찰의 So What?으로 고쳐보자.

힌트 1 관찰의 So What?을 올바르게 하는 실마리는 이 도표가 비즈니스 시스템이라는 점에 있다. 88페이지에서 비즈니스 시스템이 무엇인지 확인해보자. 이 문장은 도표의 틀을 설명한 데 지나지 않는다.

힌트 2 간단히 정리해야만 좋은 것은 아니다. 당신이 생각한 So What?에서 이 도표에 담긴 정보를 선명하게 연상할 수 있는가.

확인 So What?해야 하는 정보 중에서 눈에 띄는 일부만을 채택해 So

What?하고 있지는 않는가. 필요 없는 정보라면 애초에 제시할 이유가 없다. 필요한 정보는 중대한 누락이 없도록 So What?한다.

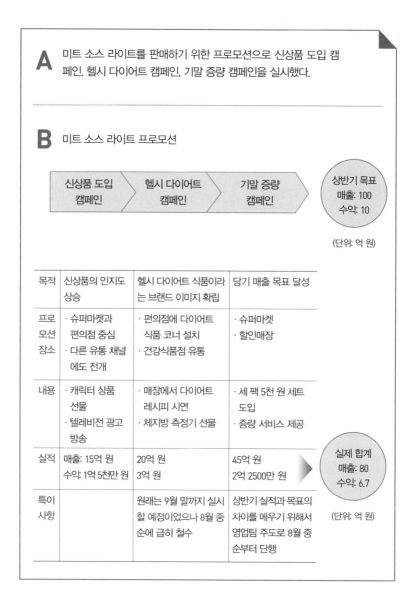

A 미트 소스 라이트를 판매하기 위한 프로모션으로 신상품 도입 캠페인, 헬시 다이어트 캠페인, 기말 증량 캠페인을 실시했다.

B 미트 소스 라이트 프로모션

신상품 도입 캠페인	헬시 다이어트 캠페인	기말 증량 캠페인	상반기 목표 매출: 100 수익: 10

(단위: 억 원)

	신상품 도입 캠페인	헬시 다이어트 캠페인	기말 증량 캠페인	
목적	신상품의 인지도 상승	헬시 다이어트 식품이라는 브랜드 이미지 확립	당기 매출 목표 달성	
프로모션 장소	· 슈퍼마켓과 편의점 중심 · 다른 유통 채널에도 전개	· 편의점에 다이어트 식품 코너 설치 · 건강식품점 유통	· 슈퍼마켓 · 할인매장	
내용	· 캐릭터 상품 선물 · 텔레비전 광고 방송	· 매장에서 다이어트 레시피 시연 · 체지방 측정기 선물	· 세 팩 5천 원 세트 도입 · 증량 서비스 제공	
실적	매출: 15억 원 수익: 1억 5천만 원	20억 원 3억 원	45억 원 2억 2500만 원	실제 합계 매출: 80 수익: 6.7
특이 사항		원래는 9월 말까지 실시할 예정이었으나 8월 중순에 급히 철수	상반기 실적과 목표의 차이를 메우기 위해서 영업팀 주도로 8월 중순부터 단행	(단위: 억 원)

문제2 다음 도표에 있는 문장 A는 도표 B를 관찰의 So What?하려고 작성됐다. 이것은 올바른 So What?일까. 올바르지 않다면 적절한 관찰의 So What?으로 고쳐보자.

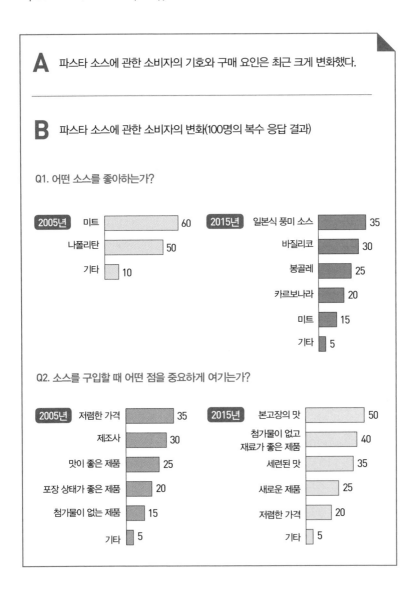

A 파스타 소스에 관한 소비자의 기호와 구매 요인은 최근 크게 변화했다.

B 파스타 소스에 관한 소비자의 변화(100명의 복수 응답 결과)

Q1. 어떤 소스를 좋아하는가?

2005년
미트 60
나폴리탄 50
기타 10

2015년
일본식 풍미 소스 35
바질리코 30
봉골레 25
카르보나라 20
미트 15
기타 5

Q2. 소스를 구입할 때 어떤 점을 중요하게 여기는가?

2005년
저렴한 가격 35
제조사 30
맛이 좋은 제품 25
포장 상태가 좋은 제품 20
첨가물이 없는 제품 15
기타 5

2015년
본고장의 맛 50
첨가물이 없고 재료가 좋은 제품 40
세련된 맛 35
새로운 제품 25
저렴한 가격 20
기타 5

힌트 1 당신이 생각한 So What?으로 도표에 있는 소비자의 두 가지 변화를 구체적인 이미지로 연상할 수 있는가?

힌트 2 파스타 소스 맛에 대한 소비자의 기호가 다양해지고 있다고 생각한다면 Why So?에 어떻게 답변하겠는가? 파스타 소스의 종류가 세 배로 늘었기 때문인가? 만약 2005년의 그래프에서 기타 항목에 20종의 파스타 소스가 있다면 어떻게 할 것인가?

확인 '변화하고 있다', '추이를 나타내고 있다', '전환되고 있다'라는 식으로 어떤 종류의 움직임을 So What?하는 경우에 '무엇에서 무엇으로', '어떻게 움직이고 있는지'를 짚어내지 못한다면 아무것도 말하지 않은 것이나 다름없다. '시장은 변화하고 있다'라고 So What?한 것은 별 의미가 없다.

문제3 다음 도표에 있는 문장 A는 도표 B를 관찰의 So What?하려고 쓴 글이다. 이것은 올바른 So What?일까. 올바르지 않다면 적절한 관찰의 So What?으로 고쳐보자.

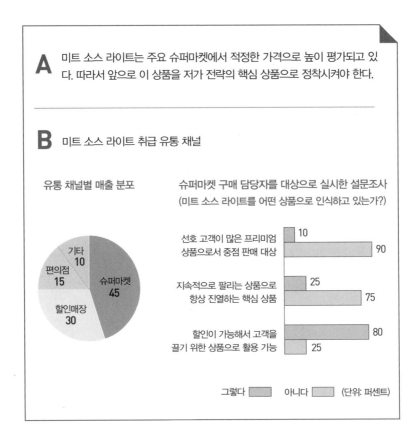

A 미트 소스 라이트는 주요 슈퍼마켓에서 적정한 가격으로 높이 평가되고 있다. 따라서 앞으로 이 상품을 저가 전략의 핵심 상품으로 정착시켜야 한다.

B 미트 소스 라이트 취급 유통 채널

유통 채널별 매출 분포

기타 10
편의점 15
슈퍼마켓 45
할인매장 30

슈퍼마켓 구매 담당자를 대상으로 실시한 설문조사
(미트 소스 라이트를 어떤 상품으로 인식하고 있는가?)

선호 고객이 많은 프리미엄 상품으로서 중점 판매 대상
10
90

지속적으로 팔리는 상품으로 항상 진열하는 핵심 상품
25
75

할인이 가능해서 고객을 끌기 위한 상품으로 활용 가능
80
25

그렇다 ▨ 아니다 ▨ (단위: 퍼센트)

힌트 무언가 틀린 것 같은데 어딘지를 정확히 알지 못할 때는 Why So?를 반복한다. 정말로 그렇게 말할 수 있는가? Why So?로 검증되지 않는 것은 So What?이 아니다.

/ 3 /

통찰의 So What?/Why So?에 강해지자

통찰의 So What?/Why So? 사고방식과 해결법은 127페이지 예제의 해설을 참고하라. 그리고 그것을 힌트로 삼아 다음 문제를 풀어보자.

● 예 제 ●

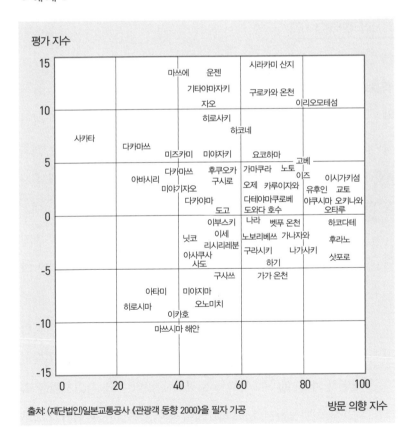

출처: (재단법인)일본교통공사 《관광객 동향 2000》을 필자 가공

137페이지에 제시된 '관찰의 So What?'의 문제 3 '일본 관광지에 대한 관광객의 의식'과 관련해 통찰의 So What?을 해보자.

당신이 여행진흥협회의 관광진흥과 과장이라고 가정해보자. '관광지에 더 많은 관광객을 유치하려면 어떤 전략이 필요한가?'를 과제로 통찰의 So What?을 해보자. 이때 관광지는 특정 장소가 아니라 불특정 다수의 보편적인 관광지다. 120페이지에 있는 관찰의 So What?을 참고해서 반드시 Why So?로 검증해보자.

사고방식과 해답 사례

1단계. 관찰의 So What?/Why So?를 확인한다

우선 관찰의 So What?을 확인하자. 관찰의 So What?의 한 가지 예를 들어보겠다. 방문 의향 지수 60(가보고 싶다)과 평가 지수 5(가보니 생각보다 좋았다)를 기준으로 세로선과 가로선을 그어 다음 도표처럼 네 개의 사분면을 만든다.

① 가보고 싶었고 가보니 기대보다 더 좋았던 관광지: 관광지로 그다지 유명하지는 않지만 1년 내내 자연을 즐길 수 있는 곳.

② 가보고 싶었으며 거의 기대를 충족시킨 관광지: 누구나 알고 있는 장소. 고풍스러운 고장과 인기 명소까지 폭넓게 포함돼 있다.

③ 특별히 가고 싶다는 생각도 없었고 가봤더니 별로였던 관광지: 교토의 아마노하시다테, 히로시마의 이쓰쿠시마, 미야기현 마쓰

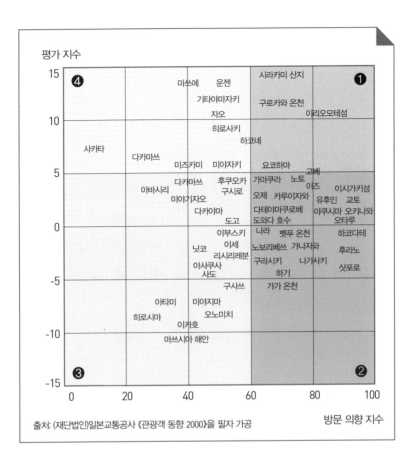

평가 지수

15 ❹   마쓰에   운젠   시라카미 산지   ❶
                 기타야마자키   구로카와 온천
                 자오   이리오모테섬
10
                        히로사키
        사카타   하코네
            다카마쓰
        미즈카미 미야자키   요코하마
5   고베
        다카마쓰 후쿠오카 가마쿠라 노토   이즈   이시가키섬
아바시리   구시로 오제 카루이자와 유후인 교토
    미야기자오   다테야마쿠로베 야쿠시마 오키나와
        다카야마   도와다 호수   오타루
    도고
0
        이부스키   나라 벳푸 온천   하코다테
    닛코 이세   노보리베쓰 가나자와   후라노
        리시리레분 구라시키   나가사키   삿포로
    아사쿠사   하기
    사도
-5   구사쓰   가가 온천
    아타미 미야지마
    히로시마 오노미치
        이카호
-10   마쓰시마 해안
    ❸   ❷
-15
    0   20   40   60   80   100

출처: (재단법인)일본교통공사 《관광객 동향 2000》을 필자 가공   방문 의향 지수

시마 등 일본 3대 절경과 같은 전통적인 관광지.

④ 별로 가고 싶다는 생각은 없었지만 가보니 기대보다 좋았던 관광
지: 관광지로서 유명하지도 않고 관광지 이외에는 별달리 두드러
진 특색을 느낄 수 없는 장소.

2단계. 과제에 비추어 통찰의 So What?/Why So?를 생각한다

과제는 '관광객을 유치하려면 어떤 전략이 필요한가?'이다. 관광지로서

가장 바람직한 위치는 ①이며, 검토 대상으로 삼는 관광지가 현재 도표의 사분면 중 어디에 위치하고 있는지에 따라 대책은 달라진다.

여기서는 ②에 속한 관광지를 검토해보자. ②는 '가보고 싶었으며 거의 기대를 충족시킨 관광지' 그룹으로 이대로는 관광객의 재방문을 기대하기 어렵다. 항간에 이런 평판이 널리 퍼지면 '가보고 싶다'는 방문 의향마저 낮아질 염려가 있으므로 방문 만족도를 높이는 것이 관건이다. 방문 만족도를 높이는 방안을 내놓을 때는 '가보니 생각보다 더 좋았다' 그룹, 즉 ①과 ④에 속하는 관광지의 특색 또는 공통점을 분석하거나 풍습을 알아보고 그곳에서 관광객을 끌기 위해 구체적으로 어떤 일을 하고 있는지 조사해보면 참고가 될 것이다.

예를 들어 다음과 같은 방안들을 생각할 수 있다.

- 그 지역에 있는 잘 알려지지 않은 아름다운 자연을 찾아본다.
- 그 지역에 있는 잘 알려지지 않은 뛰어난 건축물 등 인간의 손길을 거쳐 만들어진 볼거리를 찾아본다.
- 그 지역에는 없지만 만족도로 이어질 만한 자연을 만들어낸다.
- 그 지역에는 없지만 관광객이 만족할 만한 건축물(유형), 관광객을 끌어들일 수 있는 행사나 식재료, 요리(무형)를 만들어낸다.

이런 식으로 현재 ③이나 ④에 속해 있는 관광지를 대상으로 관광객을 유치하기 위해 어떤 전략을 마련해야 할지 가설을 세워보자.

문제 관찰의 So What?에 관한 문제 2의 도표 '위스키의 시장별 브랜드 지정률'에 대해 통찰의 So What?을 해보자.

당신이 양주 제조사의 영업부장이라고 가정하자. 도표에서 도출할 수 있는 효과적인 위스키 영업에 필요한 핵심 요소는 무엇인가. 이를 과제로 통찰의 So What?을 해보자. 그때 120페이지에서 소개한 관찰의 So What?을 참고하여 반드시 Why So?로 검증해보자.

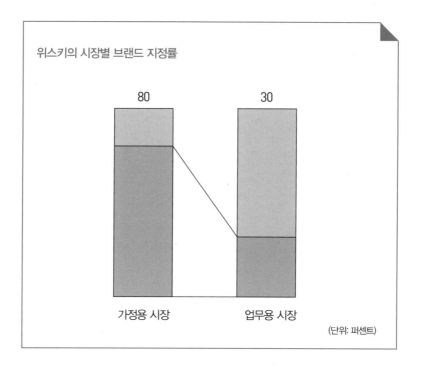

힌트 가정용 시장과 업무용 시장 모두 규모를 알 수 없고, 각각 시장에서의 당사 실적도 모른다. 따라서 어느 시장을 공략해야 하는지의 So What?으로는 Why So?에 답변할 수 없다.

제3부

논리적으로
구성하는 기술

이제 로지컬 커뮤니케이션은 비즈니스 업계에서 널리 인정받고 있는 듯하다. 커뮤니케이션 분야에서 로지컬 커뮤니케이션이라는 틈새시장을 공략하는 사람, 즉 니치 플레이어라고 자인해온 필자로서는 이런 변화가 무척 반갑다.

하지만 아쉽게도 많은 이가 아직도 논리적 사고에 필요한 도구 없이 직감과 경험에만 의지하는 탓에 악전고투하고 있다. 확실히 능숙한 업무이거나 경험상 웬만큼 잘 아는 분야라면 시행착오를 겪더라도 직감과 경험을 바탕으로 어떻게든 해결할 수 있다. 하지만 완전히 새롭거나 익숙하지 않은 분야, 그리고 변화가 극심해 과거의 사고방식이 통하지 않는 분야에서는 체계적 도구가 없으면 논리적으로 사고를 구성하기가 상당히 어렵다.

그렇다면 어떤 도구가 있어야 말하거나 글로 쓰는 내용을 논리적으로 구성할 수 있을까? 예를 들어, 제2부에서 소개한 MECE, So What?/Why So?도 그 도구 중 하나다.

제3부에는 MECE, So What?/Why So?를 사용해 정리한 커뮤니케이션에서 전달할 '부품'을 '논리'로 구성하는 논리 구성의 도구를 소개하고, 이 도구를 활용하는 방법을 담았다.

제5장

So What?/Why So?와 MECE로 논리를 만든다

1. 논리란 무엇인가?

제1부에서는 논리적 커뮤니케이션에 전달자와 상대 간에 설정된 과제 (테마)의 답변이 준비돼야 하고, 답변 요소로 결론과 근거, 또는 방법이 있어야 한다고 설명했다. 제2부에서는 다양한 정보 가운데 과제 해결에 적합한 정보만을 추려 올바른 결론과 근거, 그리고 그 결론이 어떤 실행을 의미하는 경우에 실행의 방법을 정리하는 접근법을 소개했다. 바로 MECE(이야기의 중복, 누락, 혼재를 없애는 기술)와 So What?/Why So?(이야기의 비약을 없애는 기술)다.

결론, 근거, 방법을 중복과 누락 그리고 혼재 없이 정리할 수 있으면 커뮤니케이션의 '부품'이 빠짐없이 갖춰진 것이다. 하지만 이 부품을 커뮤니케이션 상대에게 전달하고 상대가 결론에 충분히 공감하도록 하려면 좀 더 연구할 필요가 있다. 자동차나 오디오 기기를 예로 들면, 각각의 부품이 아무리 정밀하게 제작됐다 해도 완벽히 조립돼 하나의 시스템으로서 제 기능을 해야만 소비자가 제품의 장점을 느낄 수 있듯 커뮤니케이션도 마찬가지다.

당신이 커뮤니케이션 상대에게 결론, 근거, 방법이라는 각 부품을 따로따로 제시한다면 상대는 부품들 간의 관계를 알 수 없다. 상대는 머릿속에서 So What?(그래서 결국 어떻다는 말이지?), Why So?(왜 그렇게 말할 수 있는 걸까?), MECE(중복, 누락, 혼재가 없음)가 맞나 하는 사고를 반복하게 된다. 이런 식으로는 상대를 납득시키지 못한다. 또한 상대가 당신이 전하고자 하는 내용에 관심이 없다면 부품 간의 관계를 파악하고 당신이 전하는 전체의 내용을 받아들이기를 기대할 수 없다. 처음부터 아예 이해하려고 들지 않을 테니 말이다.

이런 상황이 벌어지지 않도록 결론, 근거, 방법이라는 부품을 하나의 '논리' 구조로 맞추어 상대에게 각 부품의 관계를 제시하는 '논리 구성'이 반드시 이루어져야 한다.

논리란 무엇일까. 논리라고 하면 꽤 어렵게 느껴질지 모르지만 사실은 굉장히 단순하다. 논리는 결론과 근거, 혹은 결론과 방법이 가로의 법칙과 세로의 법칙을 토대로 관계를 형성한 구조를 말한다. 특히 이 책에서는 논리를 다음과 같이 정의하도록 한다.

논리는 결론과 근거, 혹은 결론과 방법이라는 여러 요소가 결론을 정점으로, 세로 방향으로는 So What?/Why So?의 관계로 위아래 계층을 이루고 가로 방향으로는 MECE의 관계가 형성된 것이다.

So What?/Why So?는 제4장에서, MECE는 제3장에서 상세하게 설명했으니 여기에서는 각각의 핵심 내용을 간략히 정리해보자.

세로의 법칙, So What?/Why So?

So What?은 한 가지 또는 여러 가지 요소(자료나 정보, 혹은 자신의 생각) 전체에서 알 수 있는 내용을 과제에 맞게 추출하는 작업이다. 그리고 동시에 So What?한 것에 대해 '왜 그렇게 말할 수 있을까?'를 자문자답했을 때, 즉 Why So?라고 물었을 때 원래의 여러 요소 전체가 답변이 되는 관계다. 이때 밑줄 친 부분이 중요하다. 다시 말해, 어느 것이든 일부 요소만 시야에 들어와 있다면 So What?의 관계는 성립되지 않는다. 또한 지금 갖고 있는 요소 외에 정보나 자료가 더 있어야 하는 경우도 So What?의 관계가 아니다. 이를 확인하는 작업이 바로 Why So?다.

So What?/Why So?에는 두 종류가 있다.

관찰의 So What?/Why So?

자료나 정보가 무엇을 의미하는지 요약하는 동시에, 정말로 그렇게 말할 수 있는지 없는지를 검증하는 것이다. 관찰 대상이 사실이라면 So

What?의 결과도 사실의 요약이며, 관찰 대상이 대책인 경우는 관찰의 So What?에 대한 결과도 또한 대책의 요약이 된다.

통찰의 So What?/Why So?

자료나 정보를 관찰의 So What?/Why So?한 뒤에 과제에 맞게 원래의 자료나 정보와는 다른 요소를 추출하는 동시에 정말로 그렇게 말할 수 있는지 없는지를 검증하는 것이다. 이를테면, 성공한 여러 경쟁 기업의 동향(사실)에서 업계의 성공 패턴(규칙·법칙)이라는 판단과 가설을 이끌어내는 경우가 이에 해당한다. 눈에 보이는 업무상 문제점(사실)의 근본 요인에 대해 가설을 세우는 작업도 통찰의 So What?이다.

가로의 법칙, MECE

어떤 한 가지 상황이나 개념을 전체 집합으로 생각하고 그 전체 집합을 중복과 누락, 혼재가 없는 부분 집합으로 나누어 전체를 그 부분 집합의 집합체로서 파악하는 기술이 MECE다. 가령 '당사의 사업 현황'을 검토한 결과를 정리한다고 하자. 당사의 사업 현황을 전체 집합으로 할 때, 거의 중복과 누락 없이 사업 현황을 구성하는 다양한 요소를 정리하는 어떤 관점—이것을 '기준'이라고도 한다—을 발견하게 된다.

　MECE로 정리하는 일 자체에 의미가 있는 것은 아니다. 당신이 과제에 대한 최종적인 답변을 커뮤니케이션 상대에게 전달할 때, 상대 입장에서 답변이 중복도 누락도 혼재도 없이 과제에 딱 맞는 관점에서 명확히 정리돼 있어야 한다는 점이 중요하다.

논리의 기본 구조

구체적으로 논리의 기본 구조는 어떤 것일까. 논리의 기본 구조를 개념
으로 나타낸 것이 158페이지 [도표 5-1]이다. 도표에서 볼 수 있듯 논
리는 결론을 정점으로 결론에 대한 근거, 혹은 결론을 실현하기 위한
방법이 하나의 구조로서 구성된 것이다. 그리고 결론을 포함해 논리 구
조 내의 모든 요소가 세 가지 요건을 충족해야만 한다.

- 요건 1. 결론이 과제의 답변이 돼야 한다.
- 요건 2. 세로 방향으로는 결론을 정점으로 So What?/Why So?의
  관계가 성립해야 한다.
- 요건 3. 가로 방향으로는 동일 계층의 여러 요소가 MECE의 관
  계여야 한다.

당신이 상사에게 이런 지시를 받았다고 하자. "고객 기업인 리리화
장품의 현황을 파악하고 싶네. 이미 사업 실적 면에서의 수치는 알고
있지만 실태가 어떤지 모르겠으니 조사해서 보고하게."

당신은 리리화장품과 관련한 정보를 수집, 분석해 상사가 지시한 과
제에 대한 결론을 내고 근거가 되는 몇 가지 부품을 갖추었다. 이제 당
신은 어떻게 하겠는가.

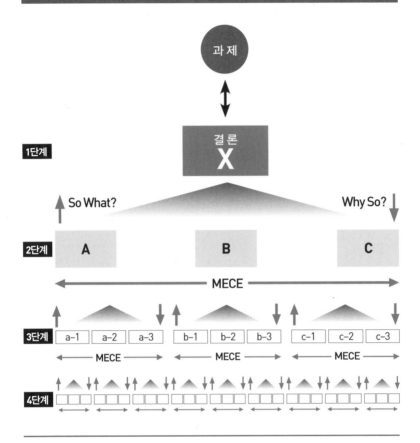

[도표 5-1] 논리의 기본 구조

곧바로 상사와 회의를 하거나 보고서를 쓰는 성급한 행동을 하지 않는 것이 현명하다. 우선 결론과 근거를 논리에 맞게 명확히 구성하도록 한다. 이때 앞에서 언급한 세 가지 요건을 만족시켜야 한다. 논리의 기본 구조를 나타낸 [도표 5-1]과 리리화장품의 현황 사례를 제시한 160 페이지의 [도표 5-2]를 논리 구조의 세 가지 요건과 대조해서 살펴보자.

요건 1. 결론이 과제의 답변이 돼야 한다

왜 논리 구성을 하는 걸까? 너무나도 당연하지만, 커뮤니케이션 상대와 당신 사이에 설정된 과제의 답변을 전달해서 상대가 당신의 결론을 이해하고 기대한 대로 반응하게 하기 위해서다. 커뮤니케이션의 목적을 달성하려면 답변의 핵심인 결론이 과제에 대한 답변의 요약이어야 한다는 전제가 따른다.

논리 구성을 할 때는 우선 논리 구성의 정점인 결론이 과제에 적합한지 확인해야 한다. 보고서를 정리하거나 프레젠테이션을 준비할 때만 해도 과제가 '사업 X의 현황은 어떠한가?'였지만, 나중에 '사업 X가 이끄는 판매 부문과 개발 부문의 제휴가 원활하지 않은 문제가 있으니 강화책을 마련해야 한다'는 결론을 내놓는 사람이 상상을 초월할 정도로 많다. 물론 이런 결론은 과제의 답변에서 빗나가 있다.

제1장에서 상세하게 설명했듯, 결론이란 자신이 하고 싶은 말의 요약이 아니다. 결론이 상대와 당신 사이에 설정된 과제의 적합한 답변이 되지 않으면 논리 자체가 아무리 올바르게 구성됐더라도 상대 입장에서는 핵심을 벗어난 답변일 뿐이니 아무런 가치가 없다. 그러므로 먼저 결론이 과제의 답변으로 적합한지 확인하자.

그렇다면 [도표 5-2]의 경우는 요건 1을 만족하는지 확인해보자. 과제는 '리리화장품의 각 사업은 어떤 상황인가?'이므로 결론은 각 사업의 상황을 설명하는 내용이어야 한다.

결론은 '주력 부문인 화장품 사업이 쇠락하는 가운데 건강식품과 귀금속 사업 모두 상황은 여의치 않다'라고 상황을 설명하는 내용으로 구

[도표 5-2] 리리화장품 사례

리리화장품의
각 사업 현황은 어떤가?

과 제

결 론

리리화장품은 주력 부문인 화장품 사업이 쇠락하는 가운데, 건강식품 사업과 귀금속 사업도 상황이 여의치 않다.

↑ So What?

주력 부문인 화장품 사업

도시와 지방, 양쪽 시장 모두 방문 판매 방식의 장점을 살리지 못한 채 상당히 고전하고 있다.

건강식품 사업

시장의 침체 상황, 강력한 경쟁업체, 자사의 판매 문제가 빈발해 굉장히 궁지에 몰린 상황이다.

◄─────────────────────── MECE ───────────────────────►

도시	지방	시장	경쟁사	자사
일하는 여성의 비율이 높아져 방문 판매 이용이 점차 감소하는 추세다. 저가 제품을 매장에서 판매했지만 대형 소매점에 밀려 계속 난항을 겪고 있다.	다양한 상품과 저렴한 가격을 내세운 인터넷 판매업자에게 시장을 빼앗기고 있다.	오랜 세월의 불황 속에서 규모를 키우지 못한 데다가 치열한 가격 경쟁의 영향으로 수익이 나지 않는 구조가 형성됐다.	안전성에 대해 고객으로부터 크게 신뢰를 받는 식품 회사가 압도적으로 유리해졌다.	현행 약사법에 저촉되는 상품 설명 때문에 문제가 빈번히 일어나 막대한 처리 비용이 발생했다.

◄── MECE ──► ◄──────── MECE ────────►

160

Why So?

귀금속 사업

상품, 가격, 유통, 촉진 전략이라는
마케팅의 각 방면에 문제점이 있다.

상품	가격	유통	촉진 전략
상품 구비 업무를 제조사에 전부 맡겼더니, 재고 처분이 목적인가 싶을 정도로 제품을 통일감 없이 뒤죽박죽 진열해놓았다.	귀금속품 시장 전체에 제품의 저가화가 진행되면서 자사 제품이 비교적 비싸게 인식된다.	귀금속품 판매 기술이 부족해서 고객이 만족할 만한 상품 설명을 하지 못하고 있다.	매출을 증대하려고 할인 행사를 거듭한 결과, 더 이상 정가로는 판매가 안 된다.

◄─────────── MECE ───────────►

성돼 있으므로, 이것은 분명히 설정된 과제에 대한 답변이다.

만약 결론이 '각 사업 모두 새로운 인터넷 유통 판로를 개척하는 데 전력을 기울여야 한다'라든가 '수익성 개선을 위한 전략을 강화해야 한다'라고 끝맺음됐다면 과제의 답변으로 적합하지 않다. 과제는 '상황'을 묻고 있는데 '대책'을 답변했기 때문이다.

또한 당신에게 주어진 과제가 '당사는 A라는 신규 분야에 참가해야 하는가 말아야 하는가'라면 결론은 '참가한다' 또는 '참가하지 않는다'여 야 한다. 만일 '소비 위축을 감안해 지금 설정된 참가 조건 자체를 재검 토한다'고 결론을 내린다면 참가 여부에 대한 답변을 기대하던 상대는 '이건 답변이 아니잖아!'라고 생각할 것이다.

사내 회의나 거래처와의 상담 자리에서, 또는 한 사람의 고객으로서 핵심에서 벗어난 커뮤니케이션을 접하고서는 당황하고 짜증이 났던 경 험은 누구나 있을 것이다. 지금 당신 머릿속에 있는 결론이 당신과 커 뮤니케이션 상대 사이에 설정한 과제의 답변으로 타당해야 한다는 점, 이것이 올바른 논리 구조를 만들기 위한 첫째 요건이다.

요건 2. 세로 방향으로는 결론을 정점으로 So What?/Why So?의 관계가 성립해 야 한다

올바른 논리 구성을 위한 둘째 요건은 결론을 정점으로 근거 혹은 방 법의 여러 요소가 세로 방향으로 So What?/Why So?의 관계로 나타나 야 한다는 것이다.

158페이지 [도표 5-1]을 보자. 결론 X의 바로 아래에 있는 요소 A,

B, C는 '근거'가 되거나, 혹은 결론이 어떤 대책인 경우에는 결론을 어떻게 실행해서 실현할까 하는 '방법'이 된다. 결론 X와 근거(혹은 방법) A, B, C는 결론에 대해 Why So?라고 물을 때 A, B, C가 답변이 되는 관계다. 즉, 커뮤니케이션 상대에게 결론을 제시했을 때 상대에게 "왜 그렇게 말할 수 있는 겁니까?" 하는 질문을 받는다면 A, B, C가 답이 된다는 뜻이다.

그리고 결론이 어떤 대책을 제시하는 경우에는 A, B, C가 방법이 된다. 상대가 "어떻게 하면 그렇게 할 수 있는가?" 하고 물으면 "구체적으로 ○○을 실시한다."라든가 "△△처럼 추진해간다."는 방법이 답변이 된다.

이것은 전달자가 "제가 내린 결론은 X입니다. A, B, C라는 것을 알 수 있기 때문입니다."라고 설명했을 때 상대가 '왜냐하면'의 연결을 자연스럽게 납득할 수 있어서다. 그리고 반대로 A, B, C 세 가지를 과제의 답변이 되도록 So What?하면(결국 무엇을 알 수 있는지를 정리한다) X의 결론이 되는 관계도 동시에 성립돼야 한다.

So What?/Why So?의 관계는 2단계 이하의 요소 사이에도 똑같이 성립된다. 요소 A에 Why So?라고 물으면 바로 아래의 요소 a-1, a-2, a-3이 답이 된다. 동시에 a-1, a-2, a-3의 세 가지를 So What?하면 A가 된다.

이번에는 [도표 5-2]의 리리화장품 사례에서 So What?/Why So?의 관계를 알아보자. [도표 5-2]는 [도표 5-1]에서 설명한 논리의 기본 구조에 구체적인 사례를 대입해 결론과 근거를 논리 구성한 것이다. '주력 부문인 화장품 사업이 쇠락하는 가운데 건강식품 사업과 귀금속 사업도 상황은 여의치 않다'는 결론을 상대에게 전달할 때, 상대가 Why So?(왜 그렇게 말할 수 있지?)라고 물을 경우의 답변이 제시돼 있다. 즉 '왜냐하면…' 하고 제시하는 근거가 결론의 2단계에 리리화장품이 전개하고 있는 세 가지 '화장품 사업, 건강식품 사업, 귀금속 사업'이다. 반대로 2단계의 세 가지 사업의 상황을 So What?하면 결론이 나온다.

또한 2단계의 근거에 대해 "사업별로 살펴보면 구체적으로 어떤 상황인가?(Why So?)"라는 질문을 받았을 때 답변이 되는 근거가 3단계에 있다. 화장품 사업을 살펴보면 3단계에는 '도시 시장'과 '지방 시장'이라는 관점을 기준으로 두 가지 근거를 명시하고, 화장품 사업에서는 방문판매라는 영업 형태가 시장에서 밀려난 상황을 구체적으로 설명했다. 그리고 3단계의 두 가지 근거를 So What?하면 2단계의 근거가 된다. 이와 같은 관계가 건강식품 사업과 귀금속 사업에서도 성립된다.

이처럼 올바른 논리 구조는 세로 방향으로는 결론을 정점으로 위에서 아래로 Why So?의 관계가, 또한 아래에서 위로는 So What?의 관계가 성립돼야 한다. 세로 방향으로 So What?/Why So?의 법칙을 일관되게 적용하면, '결론은 X다. 왜냐하면 A, B, C이기 때문이다'라는 설명의 '왜냐하면'이 갑작스럽게 느껴지지 않는다. 그리고 결론과 근거, 또는 결론과 방법 사이의 비약을 없앨 수 있다. So What?/Why So?는 제4장에서 상세하게 설명했으니 복습해보자.

요건 3. 가로 방향으로는 동일 계층의 여러 요소가 MECE의 관계여야 한다

올바른 논리 구조에서는 같은 계층에 위치한 여러 요소가 가로 방향으로 서로 MECE의 관계를 이뤄야 한다. [도표 5-1]에서는 2단계의 요소 A, B, C가 MECE의 관계며, 답변해야 하는 과제의 결론을 이끌어내는 데 중대한 중복, 누락, 혼재가 없는 요소가 모여 있다.

3단계도 마찬가지다. 요소들 a-1 · a-2 · a-3, b-1 · b-2 · b-3, c-1 · c-2 · c-3이 각각 A, B, C에 대해 중복, 누락, 혼재가 없는 관계여야 한다. MECE는 제3장에서 자세히 다뤘으니 복습하길 바란다.

이번에는 리리화장품 사례를 통해 이런 사실을 확인해보자. '리리화장품의 각 사업은 어떤 상황에 놓여 있는가'라는 과제의 답변을 논리 구성 중이므로, 결론을 직접 뒷받침하는 2단계에는 리리화장품의 모든 사업, 즉 화장품 사업, 건강식품 사업, 귀금속 사업의 근거를 명시하고 있다. 만약 리리화장품이 이외에 어패럴 사업을 전개하고 있다면 어떨까? [도표 5-2]의 논리로는 결론도 틀릴 뿐만 아니라 근거에 누락이 존재해 MECE라고 할 수 없다. 이때는 2단계에 넷째 근거로서 어패럴 사업을 설명하는 요소를 추가해야 한다.

[도표 5-2]의 3단계에 제시한 근거 사이에도 마찬가지로 MECE의 관계가 성립된다. 화장품 사업은 도시와 지방이라는 시장별로 근거를 정리했으므로 이 논리는 MECE에 해당된다. 화장품 사업은 도시와 지방, 양쪽 시장 모두 방문판매라는 영업 형태의 강점을 살리지 못하고 있는 상황은 같지만, 실태를 자세히 들여다보면 도시와 지방은 원래 차이가 있다. 그 차이는 3단계의 근거에서 설명했다.

그리고 건강식품 사업이 난항을 겪고 있는 근거를 시장Customer, 경쟁사Competitor, 자사Company라는 3C 프레임워크를 사용해 설명했다. 또한 귀금속 사업의 마케팅 문제는 상품Product, 가격Price, 유통Place, 촉진전략Promotion의 4P 구조를 사용해 네 가지 관점에서 근거를 정리했다.

그런데 어떤 사업 현황을 MECE로 설명하려고 하면 무의식중에 3C 프레임워크를 많이 사용하게 된다. 하지만 익숙한 기준보다는 가장 적합한 기준을 선택하는 것이 중요하므로 어떤 관점에서 상대에게 근거를 제시해야 사업의 특징과 문제점이 확실히 전달될지 생각하도록 한다. 이를테면 다음처럼 기능별로 근거를 구성할 수 있다.

- 근거 1. X사의 연구개발 기능은 어떤가?
- 근거 2. X사의 생산 기능은 어떤가?
- 근거 3. X사의 영업 기능은 어떤가?

만약 X사가 전통적인 제조업 이외의 업종, 가령 보험업이나 소매업을 운용하고 있다면 당연히 이 사업 기능을 파악하는 방법도 달라진다. 요컨대 동일한 계층에 있는 요소들이 앞의 요소에 Why So?라고 물었을 때, 답변으로서 타당한 MECE의 관계에 있어야 한다.

동일한 계층에 위치한 여러 요소는 서로 MECE의 관계에 있다. 다른 사례를 통해 이를 확인해보자. 예를 들어, '융자를 신청한 법인 고객 후보 X사의 사업은 현재 어떤 상황인가?'라는 과제의 답변을 논리적으로 구성해보자. 이 경우에 결론을 뒷받침하는 근거의 기준으로 다음과 같은 관점을 선택했다면 어떤가.

- 근거 1. X사의 시장 상황은 어떤가?
- 근거 2. X사의 타깃 고객층은 어떻게 변화하고 있는가?
- 근거 3. X사 판매 부문의 판매력은 어떤가?

이 근거들은 MECE에 부합하지 않는다. 우선 근거 1의 시장 상황과 근거 2의 고객 상황에 중복이 많다. 만일 X사 판매 부문의 판매력을 근거로 든다면, X사의 사업 기능 중 일부분이므로 이외의 생산과 개발 기능은 어떤지, 판매와 관련해 판매 부문의 관리 능력은 어떤지 등이 누락된 점을 지적할 수 있다. 게다가 애초에 시장(근거 1), 고객(근거 2), 판매력(근거 3)의 세 가지 관점으로는 어떤 전체 집합도 만들지 못하며, 핵심에서 벗어나 혼재까지 발생한다. 만일 근거 1과 근거 2를 활용하고 싶다면 경쟁사와 당사의 판매력 이외의 요소까지 포함한 근거를 추가해 3C를 구성해야 한다. 또한 근거 3을 활용하고자 한다면 다른 사업 기능을 추가해 비즈니스 시스템의 각 단계마다 근거를 마련하는 방법이 있다.

현황에 대한 세 가지 근거는 뭔가 중요한 듯한 근거가 세 가지 나열된 데 지나지 않는다. 결과적으로 상대가 결론에 충분히 공감할 만한 논리적 설명은 못 된다.

2. 논리는 간결할수록 좋다

여기까지 이 책을 읽은 당신은 실제로 논리를 구성할 때 다음과 같은 의문들을 떠올릴 것이다.

'세로 방향으로는 계층을 얼마큼 만들어야 하는가.'
'가로 방향으로는 몇 가지로 어떻게 나눌 것인가.'

이때 '무엇을 위한 논리 구성인가?'를 생각하면 저절로 답이 보이기 마련이다. 더 설명할 것도 없이 논리 구성을 하는 이유는 커뮤니케이션 상대에게 당신의 결론을 이해시키고 당신의 기대대로 상대가 움직이게 하기 위해서다. 따라서 상대가 충분히 납득할 수 있도록 과부족 없는 논리가 필요하다.

당신이 가진 많은 정보와 분석 결과를 모두 동원해 거창한 논리를 구성해봐야 의미가 없다. 간결하게 정리된 논리 구성으로 상대를 설득할 수 있다면 상대도 이해할 정보량이 적으니 얼마나 좋은가. 이 사실을 명심하고 논리 구성에 임해보자.

세로 방향으로는 계층을 얼마큼 만들어야 하는가

결론을 상대에게 전달할 때는 과연 상대가 어디까지 Why So?(왜, 어떤 근거로 그렇게 말할 수 있지?)라고 질문할지, 또 그 질문에 답변하려면 어디까지 근거와 방법이 있어야 할지 확인해야 한다. [도표 5-2] 리리화장품의 사례에서 '주력 부문인 화장품 사업이 쇠락하고 있으며 건강식품 사업과 귀금속 사업도 좋지 않은 상황이다'라는 결론을 상대가 납득하려면 2단계의 근거를 토대로 각 사업의 전체상을 파악할 수 있으면 되는지, 혹은 3단계 각 사업 내용을 더욱 상세하게 설명한 근거까지 전달해야 하는지를 명확히 해야 한다. 상대가 "리리화장품의 현황을 보고하게."라는 지시를 내린 상사라면 당연히 3단계의 근거까지 원할 것이다.

또 다른 예시를 들어보겠다. 당신의 회사에서 '생산성 향상 운동'을 추진하게 됐다고 하자. 당신은 추진 프로젝트팀의 구성원인데, 프로젝트팀은 어떻게 이 운동을 전개할지 검토했고 이제 겨우 내용이 정리됐다. 그래서 회사 전체에 대한 커뮤니케이션의 1단계로서, 각 지사장과 영업소장, 본사 각 부서장을 대상으로 '왜 생산성 향상이 필요한가?'라는 전체상을 설명하고 각 부서에 철저히 주지시키기로 했다. 그런데 전사적으로 전개한다고 해도 사실 생산성 향상 운동의 주요 대상은 지사와 영업소, 즉 영업 부서여서 영업 현장에서 상당히 고생스러울 터였다. 이 사실을 알아차린 지사장이나 영업소장 중에서는 불만을 느끼는 사람이 많은 듯하다. "왜 항상 영업 부서만 고통이 따르는 과감한 개혁을 강요받는가.", "대체 현장에는 이번 운동을 어떻게 설명해야 좋단 말인가."라는 목소리가 들려오기도 한다.

이런 상황에서 지금 왜 영업에 초점을 맞춘 생산성 향상이 필요한지를 지사장과 영업소장에게 이해시키려면 그들의 Why So?에 답변할 충분한 근거를 계층화할 필요가 있다. 반대로 영업의 생산성 향상을 측면에서 지원하는 본사 부서장들에게는 영업 기능의 세부 사항에 대한 근거까지 제시할 필요가 없을 수도 있다.

이와 같이 결론을 상대에게 제시할 때는 상대가 어디까지 Why So? 라는 질문을 던질지 상정하고 그 질문에 답변할 수 있을 만큼 과부족 없는 근거와 방법 요소를 계층화해 준비해두어야 한다.

"우리 회사의 보고서는 좌우지간 너무 길어. 이만큼이나 검토했다는 걸 굳이 보여주겠다고 이 자료 저 자료 할 것 없이 다 집어넣고 있잖아. 결국 하고 싶은 말이 뭔지 물어봐야 한다니까." 이런 말을 들어본 적이 있을 것이다. 아마도 보고서를 길게 작성한 사람은 작업 성과를 모두 포함하고 싶은 심정이었을 것이다. 하지만 상대가 이해하는 데 그 내용이 정말 도움이 되는지가 가장 중요하다. 상대의 Why So? 질문에 답변할 수 있을 만큼의 요소를 과부족 없이 계층화한 다음에는, 더 이상의 계층화는 장황한 군더더기일 뿐이므로 과감히 잘라내야 한다.

물론 상대가 어디까지 Why So?를 물어볼지 알 수 없는 경우도 있다. 이때 상대는 당신의 커뮤니케이션에 관심이 없거나 혹은 이해도가 극히 낮을 수 있다. 그럴수록 지나치게 욕심 내지 말고 전달자로서 이 커뮤니케이션에서 상대가 어디까지 이해하면 좋을지의 관점에서 계층의 수를 판단하면 된다.

가로 방향으로는 몇 가지로 어떻게 나눌 것인가

가로 방향으로는 몇 개의 MECE로 나누면 좋을까. [도표 5-1]의 논리 구조는 2단계, 3단계, 4단계가 모두 가로 방향으로 세 가지로 분해돼 있다. 물론 항상 세 가지로 한정된 것은 아니다. [도표 5-2]의 리리화장품 사례는 3단계에서 화장품 사업을 두 가지, 건강식품 사업을 세 가지, 그리고 귀금속 사업을 네 가지로 근거를 나눴다. 단, 논리 구조의 동일한 계층 내에서 전개하는 요소의 수는 많아도 네다섯 가지 이하를 기준으로 해야 효과적이다.

정밀하게 MECE로 분해해 정리하는 것이 목표가 아니다. 많은 근거와 방법을 중복, 누락, 혼재 없는 그룹으로 분류해서 커뮤니케이션 상대가 이해하기 쉽게 전체상을 제시하는 데 의의가 있다.

172~173페이지 [도표 5-3]과 [도표 5-4]의 설명을 비교해보자. [도표 5-3]에서는 '고양이 사료 시장은 모든 면에서 크게 변화하고 있다'는 결론을 '시장 규모는…, 시장에 존재하는 상품 수는…, 고양이를 키우는 세대 수는…, 고양이를 키우는 사람 1인당 고양이 사료 구입비는…, 애묘가의 고양이 건강에 관한 사고관은…, 최근 인기 있는 고양이 종류의 특징은…, 잘 팔리는 상품 유형은…' 하고 일곱 가지의 근거를 들어 설명한다. 만약 당신이 이 설명을 듣는 입장인데 전달자만큼 고양이 사료 시장에 대해 예비지식이 없다면 어떨까. 이 근거들이 중복도, 누락도, 혼재도 없는 MECE 요소라고 하더라도 당신 머릿속에 남는 것은 예전부터 신경 쓰였던 점이나 어쩌다 인상 깊게 느꼈던 사항뿐일 것이다.

이에 비해 [도표 5-4]는 일곱 가지 근거를 양과 질이라는 MECE 기준으로 그룹을 나누고 두 가지 관점에서 설명한다. 나아가 각 그룹마다 So What?해서 '양적인 측면에서 고양이 사료 시장은 펫푸드 시장

중에서 유일하게 성장을 계속하고 있으며 더욱이 고양이를 키우는 사람 1인당 사료 구입비도 상승하고 있는 분야다', '질적인 측면에서 고양이 사료 시장에서는 고양이의 건강에 대한 애묘가의 높은 의식에 대응할 수 있는 고기능 사료가 잘 팔리고 있다'는 식으로 정리하면 어떨까.

이 방법을 사용하면 당신은 일곱 가지의 상세한 정보를 듣거나 읽기 전에 머릿속에 중복, 누락, 혼재 없이 양과 질로 정리된 두 가지 틀을 만들 수 있다. 두 가지 틀은 근거들을 정리해 전달자가 말하는 논점의

[도표 5-4] 일곱 가지 요소를 그룹으로 나눈 사례

고양이 사료 시장은 '양적' 측면에서는 …하게 변화하고 있다

시장 규모는…

시장에 존재하는 상품 수는…

고양이를 기르는 세대 수는…

주인 1인당 사료 구입비는…

또한 '질적' 측면에서는 …하게 변화하고 있다

애묘가의 고양이 건강에 대한 사고관은…

최근 인기 있는 고양이 종류의 특징은…

잘 팔리는 상품 유형은…

전체상을 더욱 쉽게 파악하도록 해준다.

지나치게 많은 근거와 방법을 쭉 나열하면, 커뮤니케이션 상대는 마지막 부분을 읽거나 들을 때쯤 처음에 접한 요소를 어렴풋하게밖에 떠올리지 못한다. 그러므로 아무리 당신의 결론을 상대에게 이해시키고 싶다고 해도 너무 많은 요소를 늘어놓는 방법은 바람직하지 않다. 일반적으로는 네다섯 가지 이하의 기준으로 정리해 제시하면 상대가 논점을 이해하기 쉽다고 하니 참고하기를 바란다.

누구든 커뮤니케이션에서 의견을 전달받는 입장이 되면 이런 기준을 갖추게 된다. 하지만 막상 전달자가 되면 대부분의 사람들은 상대가 알아서 이해할 거라고 여긴다. 근거와 방법을 정밀하게 분해하려다가 일고여덟 가지로 많아졌을 때는 반드시 크게 묶어 정리할 수 있는 MECE 기준이 있는지를 다시 확인해 그룹핑하자.

제6장

논리 유형을 익힌다

제5장에서 설명한 논리의 기본 구조가 이해된다면 당신은 드디어 논리를 구성하게 됐다는 자신감을 가져도 좋다. 그런데 어쩌면 한편으로는 '기본 구조로 정말 모든 경우에 대응이 가능할까?'라는 의문을 품을지 모르겠다. 하지만 그 의문에 대한 대답은 '그렇다'이다.

논리의 기본 유형에는 '병렬형'과 '해설형' 두 가지가 있다. 실제로 논리를 구성할 때는 이 기본 유형을 적절히 구분해 사용하거나 조합해서 활용하면 된다. 이제부터 두 유형의 특징과 적용 방법, 유의점, 사례를 살펴보자.

1. 병렬형

병렬형 구조

병렬형 논리 유형은 기본 구조 자체라고 해도 좋다. [도표 6-1]에서는 결론을 정점으로 이 결론을 뒷받침하는 여러 개의 근거를 제시하는데, 만약 결론 부분에서 대책을 설명하는 경우는 근거 대신에 방법을 제시한다. 이때 근거 또는 방법은 세로 방향으로는 So What? /Why So?(결국 어떻다는 말인가?/왜 그렇게 말할 수 있는가?)의 관계로 계층화되고, 가로 방향으로는 동일 단계에서 서로 중복, 누락, 혼재가 없는 MECE의 관계로 구조화된다. 그래서 [도표 6-1]은 세로 방향으로 한 단계밖에 없지만 여러 단계를 이룰 수도 있고, 가로 방향으로도 두 개 혹은 네 개의 근거를 나열할 수도 있다.

병렬형 논리 유형으로 논리를 구성한 예를 178~179페이지 [도표 6-2]와 [도표 6-3]에서 살펴보자. 참고로 기본 구조를 다루며 사례로 든 [도표 5-2]도 바로 병렬형이다.

[도표 6-2]와 [도표 6-3]은 다양한 판매 유통 채널에 상품을 공급하는 소비재 제조사의 사례다. 얼마 전 대형판매점에서 유통 채널 측의 관리 부실로 핵심 상품에 불량품이 발생하는 사고가 터져서 사고대책본부가 불량품 발생 사태에 어떻게 대처할지, 또한 구체적으로 어떻게 추진할지를 정리한 상황을 가정하고 병렬형으로 논리 구성을 했다.

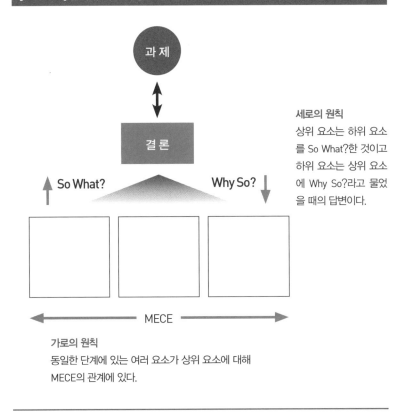

과 제

결 론

So What?   Why So?

세로의 원칙
상위 요소는 하위 요소
를 So What?한 것이고
하위 요소는 상위 요소
에 Why So?라고 물었
을 때의 답변이다.

MECE

가로의 원칙
동일한 단계에 있는 여러 요소가 상위 요소에 대해
MECE의 관계에 있다.

근거를 병렬로 제시한다

이 논리에 대한 과제는 '당사는 대형판매점의 관리 부실로 일어난 핵심
상품 LX–20의 불량품 발생 사태에 어떻게 대처할 것인가'다. 결론은 '시
장, 경쟁사, 유통 채널, 자사에 미치는 영향을 고려해, 모든 유통 채널
에서 관리 체제를 재확인하고 고객에게 안전성을 널리 홍보한다'이다.

"왜 그렇게 생각하는가?(Why So?)"라는 질문을 받으면 "시장, 경쟁사,

과 제

당사는 대형판매점의 관리 부실로 일어난 핵심 상품 LX-20의 불량품 발생 사태에 어떻게 대처할 것인가?

결 론

당사는 시장, 경쟁사, 유통 채널, 자사에 미치는 영향을 고려해, 모든 유통 채널에서 관리 체제를 재확인하고 고객에게 안전성을 널리 홍보한다.

시장의 관점	경쟁사의 관점	유통 채널의 관점	자사의 관점
고객 입장에서나 사회에서는 유통 채널의 관리 부실과 당사 제품의 품질 불량이 같은 의미다. 유통 채널과 상관없이 당사 상품에 대한 불신감이 고조될 우려가 높다.	경쟁사에게 LX-20의 불량품 발생은 알맞은 공격 소재다. 당사 고객층을 빼앗길 우려가 크다.	대형판매점에서 일어난 사고로 다른 유통 채널이 당사 상품의 관리에 불안을 느껴 당사 상품의 취급에 소극적이 될 우려가 있다.	LX-20뿐만 아니라 당사 제품에 대한 안전성과 신뢰성은 매우 중요하다. 특정 유통 채널의 판매 관리 문제로 사고를 수습하면 다른 유통 채널과 상품에 악영향을 미칠 수 있다.

유통 채널, 자사라는 네 가지 관점에서 근거가 있다."고 답할 수 있다. 시장Customer, 경쟁사Competitor, 유통 채널Channel, 자사Company, 즉 4C는 어떤 사업의 현황을 MECE로 파악하는 기준 중 하나다. 이처럼 [도표 6-2]와 같은 근거 병렬형에서 전달자는 상대가 보았을 때 중복, 누락, 혼재가 없는 범위에서 근거를 제시하고 결론을 설득해야 한다.

과제

당사는 모든 유통 채널의 관리 체제 재확인과 고객에 대한 안전성 홍보를 어떻게 추진할 것인가?

결론

유통 채널의 관리 체제 재확인과 고객에 대한 안전성 홍보를 당사가 유통 채널과 공동 체제를 구축해 함께 활동을 전개한다.

모든 유통 채널의 관리 체제를 재확인하는 대책

당사가 유통 채널을 감찰하는 방식이 아니라 품질 관리의 향상을 목적으로 당사와 유통 채널이 공동 프로젝트를 구성한다. 그리고 1개월 이내에 진단과 개선책을 추출한다.

안전성을 고객에게 홍보하기 위한 대책

당사와 유통 채널이 공동 체제로 각 매장에서 품질 보증 캠페인을 실시하고 신문과 잡지에 공동으로 광고를 게재한다.

그리고 모든 근거들을 통해 '이 불량품 발생 사태로 고객과 유통 채널이 당사에 등을 돌릴 수 있으며 그것이 회사 전체의 문제로 확대될 염려가 있다'는 관찰의 So What?을 이끌어낼 수 있다. 이를 과제에 대한 답변이 되도록 다시금 통찰의 So What?을 하면 결론이 나온다.

방법을 병렬로 제시한다

[도표 6-3]의 방법 병렬형은 [도표 6-2]의 결론을 상대가 납득한 뒤에 과제를 한 걸음 더 진척시켜 '불량품 발생에 대처할 경우 구체적으로 어떻게 추진할 것인가?'의 답변을 설명하기 위한 논리 구성의 사례다. 결론은 '유통 채널의 관리 체제 재확인과 안전성 홍보를 당사가 유통 채널과 공동 체제를 구축해 함께 활동을 전개한다'는 대책이며 그 구체적인 방법을 열거해서 결론을 설명하는 논리 구성이다.

이 사례에서 결론인 '양자 활동'은 유통 채널의 관리 체제 재확인과 안전성 홍보라는 두 가지 활동이다. 이때 각각의 활동 방법을 설명해 결론에 MECE한 방법을 사용하고 있다.

이렇게 결론과 방법을 병렬형으로 논리 구성할 경우, 결론 아래의 요소는 결론에 대해 Why So?, 즉 '왜 그렇게 되는가?'라는 질문에 구체적인 방법을 제시한 답변이 된다. 또한 방법 두 가지를 So What?하면 결론이 되는 관계도 동시에 성립한다.

[도표 6-2], [도표 6-3]은 모두 논리 구조의 단계가 2단계다. 만일 결론에 더욱 상세한 설명이 필요하면 아래에 병렬형으로 단계를 더 만들면 된다. [도표 6-3]과 같은 방법 병렬형에서는 아래층으로 갈수록 각 항목에 구체적인 방법이 제시돼야 한다. 이렇듯 병렬형은 결론에 대해 MECE한 근거와 방법이 모두 한 쌍이며 그 구조가 매우 간단하고 명쾌하다.

사용상 유의점

근거와 방법이 MECE이어야 한다

병렬형 논리 구조에서 설득력의 원천은 결론에 대해 근거와 방법이 중복, 누락, 혼재 없이 MECE로 전개되는 데 있다. [도표 6-4]를 살펴보자.

[도표 6-4] 잘못된 근거 병렬형의 사례

과제

당사는 대형판매점의 관리 부실로 일어난 핵심 상품 LX-20의 불량품 발생 사태에 어떻게 대처할 것인가?

결론

당사는 시장, 경쟁사, 유통 채널, 자사에 미치는 영향을 고려해 모든 유통 채널에서 관리 체제를 재확인하고 안전성을 널리 홍보한다.

시장의 관점	고객의 관점	상품의 관점	자사의 관점
고객 입장에서나 사회에서는 유통 채널의 관리 부실과 당사 제품의 품질 불량이 같은 의미다. 유통 채널과 상관없이 당사 상품에 대한 불신감이 고조될 우려가 높다.	고객은 오늘날 서로 연결돼 있다. 불량품 발생 사고로 제조사나 유통 채널에 대한 불신감이 커지고 정보 공개 요구와 불매 운동이 활발해지고 있다.	경쟁사는 당사의 LX-20보다 고기능을 갖춘 신제품 시리즈를 출시했다. 이번 사태 이후 당사 상품은 LX-20을 중심으로 시장 점유율이 하락하기 시작했다.	자사에서는 시장 점유율의 하락 추세가 LX-20 외의 다른 상품에도 나타나기 시작했다. 이번 사태로 오랜 세월에 걸쳐 쌓아온 고객의 신뢰를 한꺼번에 잃을 수 있다.

◀ - - - - - - - - - - - - - - - **MECE가 아니다!** - - - - - - - - - - - - - - - ▶

[도표 6-4]의 결론은 [도표 6-2]와 같지만 근거가 시장, 고객, 상품, 자사의 네 가지로 구성돼 있다. 그러나 자세히 살펴보면 상품 면에서 근거가 경쟁사와 자사 양측의 상품에 대한 것이며, 자사의 관점에서 보는 근거와 중복된다. 시장 관점에서 본 근거와 고객 관점에서 본 근거의 경계도 애매모호하고 내용에 중복까지 있다. 더불어 결론을 이끌어내는 데 필요한 요소인 시장, 고객, 상품, 자사를 모두 누락 없이 고찰했는지를 살펴보면 이 역시 불분명하다. '경쟁 기업은 어떤가?', '판매 유통 채널은 어떤가?' 하는 요소가 누락돼 있기 때문이다. 이처럼 전달자가 불충분한 근거를 제시하면 상대는 중복이나 누락을 알아차리고 결론을 수긍하지 못할 것이다.

병렬형 논리 유형을 사용할 때는 과제의 결론을 이끌어내는 데 충분히 폭넓은 시각에서 중복, 누락, 혼재가 없는 MECE로 근거와 방법을 구성하는 것이 중요하다.

MECE 기준이 상대를 설득하기에 타당해야 한다

똑같은 결론을 설득하더라도 MECE 근거를 구성하는 방법이 한 가지밖에 없는 것은 아니다. 이를테면 [도표 6-5]는 '당사는 업무를 아웃소싱해야 하는가'라는 과제에 대해 '아웃소싱을 해야 한다'는 결론과 근거를 논리 구성한 경우인데 이를 살펴보자.

사례 A와 사례 B 모두 근거가 두 가지씩 MECE 구성으로 돼 있다. 이렇게 짝을 이룬 MECE 근거가 동시에 여러 개 성립하기도 한다. 그럴 때는 상대에게 결론을 정확히 이해시키는 가장 효과적인 방법이 무

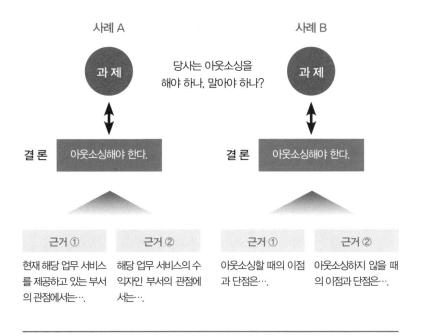

[도표 6–5] 짝을 이룬 MECE 근거가 여러 개 있을 수 있다

사례 A		사례 B	
과제	당사는 아웃소싱을 해야 하나, 말아야 하나?	과제	
결론	아웃소싱해야 한다.	결론	아웃소싱해야 한다.

근거 ①	근거 ②	근거 ①	근거 ②
현재 해당 업무 서비스를 제공하고 있는 부서의 관점에서는….	해당 업무 서비스의 수익자인 부서의 관점에서는….	아웃소싱할 때의 이점과 단점은….	아웃소싱하지 않을 때의 이점과 단점은….

엇인가 하는 관점에서 짝을 이룬 MECE 근거를 선택하자.

이 사례에서 상대를 설득하는 데 '아웃소싱하면 해당 업무를 제공하는 부서뿐만 아니라 서비스 수혜자 측에도 질의 향상과 시간 단축 등의 큰 이점이 있다'는 점을 홍보하는 대책이 가장 효과적이라면 사례 A가 타당하다.

그런데 상대가 아웃소싱의 장단점에 매우 신경을 쓰고 특히 단점에 민감해하며 아웃소싱에 소극적인 태도를 취한다면 어떨까. 그렇다면 사례 B로 상대에게 아웃소싱하지 않을 때의 단점이 아웃소싱했을 때의 단점보다 훨씬 크다는 사실을 보여주면 효과적이다.

적용 사례

병렬형 논리 유형은 논리 구조가 무척 간단해서 유의점을 지켜 올바르게 구성하면 상대가 결론을 이해하기 쉽다. 특히 다음과 같은 경우에 사용하면 편리하다.

- 과제나 주제를 잘 이해하지 못하고 관심도 없을 것 같은 상대에게 자신의 논지를 전체상으로 간결하게 보여주고 싶을 때
- 결정 사항의 연락과 확인 등 결론에 대해 상대와 논의할 여지가 없는 내용을 전체상으로 간결하게 보여주고 싶을 때
- 자신의 폭넓은 사고와 검토에 중복, 누락, 혼재가 없다는 사실을 강조해 상대를 설득하고 싶을 때

2. 해설형

해설형 구조

또 다른 논리의 기본 유형은 해설형이다. 이 구조는 [도표 6-6]처럼 결론을 정점으로, 병렬형처럼 세로 방향으로 결론을 뒷받침해주는 여러

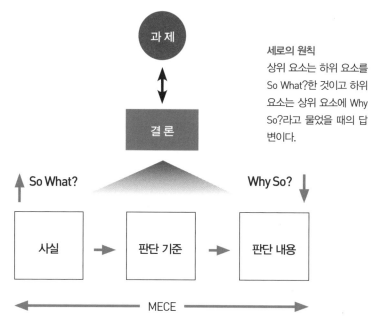

[도표 6-6] 논리의 기본 유형 2: 해설형

과 제

세로의 원칙
상위 요소는 하위 요소를
So What?한 것이고 하위
요소는 상위 요소에 Why
So?라고 물었을 때의 답
변이다.

결 론

So What?   Why So?

사실   판단 기준   판단 내용

MECE

가로의 원칙
객관적 사실과 주관적 판단이라는 MECE 기준의 두 종류 요소가
사실, 판단 기준, 판단 내용의 흐름으로 구성돼 있다.

근거가 So What?/Why So?의 관계에 있다. 근거들은 항상 세 종류의 요소가 있고 가로 방향으로 일정한 순서로 나열된다. [도표 6-1]의 병렬형과 [도표 6-6]의 해설형을 비교한 뒤 차이점을 도표의 이미지로 머릿속에 넣어두자.

- 과제에 대한 결론을 이끌어내기 위해 상대와 공유해야 하는 '사실'
- '사실'에서 결론을 이끌어내기 위한 전달자로서의 '판단 기준'
- '사실'을 '판단 기준'으로 판단한 결과, 어떻게 평가되는지를 나타내는 '판단 내용'

이 세 가지 요소가 모두 결론에 대한 근거다. MECE라는 관점에서 보면 객관적 근거인 '사실'과 주관적 근거인 '판단 기준' 및 '판단 내용'으로 나뉜다.

해설형 논리 유형으로 논리 구성한 사례를 [도표 6-7], [도표 6-8]에서 살펴보자. 앞서 병렬형 논리 유형에서 소개한 한 소비재 제조사가 불량품 발생에 대처하는 상황을 상정했다.

근거를 해설한다

[도표 6-7]에서 논리 구성의 전제가 되는 과제는 '불량품 발생 사태에 어떻게 대처해야 하는가'로, 결론은 '당사는 핵심 상품의 불량품 발생으로 인한 영향을 최소화한다는 관점에서 모든 유통 채널에서의 관리 체제를 재확인하고 고객에게 안전성을 널리 홍보한다'이다.

이 결론을 설명하기 위해서 해설형에서는 우선 당사가 놓인 사실(상황)을 서술한다. 사실은 전달자의 주관이 들어가지 않은 정보며, 전달자에게나 상대에게나 똑같이 객관적이다. 여기서는 2단계의 사실에 대해 Why So?라고 질문받을 경우에 답할 수 있도록 3단계에 4C(시장, 경쟁사, 유통 채널, 자사)의 각 관점에서 네 가지 근거를 구성한 병렬형을 조합했는

과 제

당사는 대형판매점의 관리 부실로 일어난 핵심 상품 LX-20의 불량품 발생 사태에 어떻게 대처할 것인가?

1단계

결 론

당사는 핵심 상품의 불량품 발생이 회사 전체에 미칠 악영향을 최소화한다는 관점에서 모든 유통 채널의 관리 체제를 재확인하고 고객에게 안전성을 널리 홍보한다.

2단계

사실	판단 기준	판단 내용
대형판매점의 관리 부실이 초래하는 영향은 LX-20의 판매 부진에 그치지 않고 다른 유통 채널과 다른 상품에까지 고객과 유통 채널의 불안감이 확산되고 있다.	LX-20이 당사의 핵심 상품이라는 점을 고려하면, 해당 유통 채널과 상품뿐만 아니라 회사 전체에 미칠 악영향을 최소화하는 관점에서 대처해야 한다.	당사는 대형판매점뿐만 아니라 모든 유통 채널의 전 상품에 대해서 상품 관리 및 판매 체제를 재확인하여 재발을 방지한다. 동시에 당사 제품의 안전성을 고객에게 널리 알려 쓸데없는 억측을 방지한다.

3단계

시장의 관점	경쟁사의 관점	유통 채널의 관점	자사의 관점
고객에게는 불량품 사태의 원인이 유통 채널의 관리에 있는지, 상품에 있는지는 중요하지 않다. 당사 상품에 대한 고객의 불신감이 커져 당사 상품의 고객 이탈이 진행되고 있다.	경쟁사는 LX-20의 판매 부진 기회를 틈타 LX-20의 유사 상품을 연달아 시장에 내놓으며 판매 공세를 적극적으로 펼치고 있다.	편의점 등 대형판매점 외의 다른 유통 채널들이 LX-20을 취급하는 데 신중해졌다. 또한 그런 경향은 당사의 다른 상품에도 영향을 미치고 있다.	매출의 60퍼센트를 차지하는 핵심 상품 LX-20의 불량품 발생 사고가 대형판매점에서 일어난 후 다른 유통 채널에서도, 그리고 타 상품에 대해서도 불안의 목소리가 쇄도하고 있다. 실제로 상품, 유통 채널 할 것 없이 매출이 하락하고 있다.

데 이렇게 하면 객관적 현황에 대해 상대와 공통 인식을 만들 수 있다.

그다음으로는 두 번째 근거의 요소인 '당사 차원의 어떤 관점에서 이번 불량품 발생에 대처해야 하는가'라는 판단 기준을 서술한다. 이때 처음에 서술한 상황 중에서 결론을 이끌어내기 위해 전달자가 어떤 사고방식을 취할지 제시해야 한다. 해당 사례에서는 '불량품 발생이 핵심 상품에서 일어났으므로 회사 전체로 미칠 악영향을 최소화하는 관점에서 대처해야 한다'고 제시하고 있다. 만약 불량품이 발생한 상품이 핵심 상품이 아니라면 '대처에 필요한 비용을 최소한으로 제한한다'는 기준이 설정될 수도 있다.

그리고 세 번째 근거의 요소로서 상황을 판단 기준에 비추어보면 어떻게 판단할 수 있는지, 그 판단 내용을 설명한다. 도표에서는 모든 유통 채널에서 관리 체제를 재확인하여 불량품 재발을 방지하고 고객에게 제품의 안전성을 널리 알려야 한다는 판단 내용으로 결론을 뒷받침하고 있다.

이런 사실, 판단 기준, 판단 내용의 세 가지 근거 전체가 결론에 Why So?라고 물었을 때의 답변이 되며, 반대로 이들 세 가지를 So What?한 것이 결론이다.

방법을 해설한다

[도표 6-8]은 [도표 6-7]의 결론이 상대와 합의되어 이야기가 좀 더 진척된 사례로, 불량품 발생에 대한 대처를 '구체적으로 어떻게 추진할 것인가'라는 과제에 답변한 논리 구성이다. 과제는 방법 병렬형 사례인

과 제

당사는 모든 유통 채널의 관리 체제 재확인과 고객에 대한 안전성 홍보를 어떻게 추진할 것인가?

결 론

각 유통 채널의 관리 체제 재확인과 안전성 홍보는 시장에서 고객에게 호의적으로 받아들여진다는 점, 그리고 유통 채널과의 관계를 한층 강화할 수 있다는 점에서 당사와 유통 채널이 공동 체제로 추진해나간다.

사실	판단 기준	판단 내용
모든 유통 채널의 관리 체제 재확인 및 고객에게 당사 제품의 안전성을 널리 홍보하는 두 가지 활동을 추진하기 위한 방법으로 다음의 네 가지를 생각할 수 있다. ① 두 가지 활동 모두 당사가 주체가 돼 진행한다. ② 두 가지 활동 모두 유통 채널에 일임해서 진행한다. ③ 두 가지 활동 모두 당사와 유통 채널이 공동 체제로 진행한다. ④ 두 가지 활동을 당사와 유통 채널이 분담해서 각각 진행한다.	다음의 두 가지 관점에서 대응책을 생각한다. A 제조사로서의 책임을 완수하면 시장에서 고객에게 호의적으로 받아들여질 수 있다. B 이번 불상사의 대응에만 그치지 않고 지속적으로 유통 채널과 협력 관계를 강화할 수 있다.	① 불량품 사태의 직접적 원인은 유통 채널에 있다. 따라서 유통 채널이 적극적으로 관여하지 않으면 제조사 관리 측면에서 A와 관련해 부정적 인상을 준다. 또한 B는 기대할 수 없다. ② A에 대해 제조사의 책임 포기로 받아들여질 가능성이 높다. B도 유통 채널에 부담감이 커서 나중에 문제가 될 수 있다. ③ A에 대해 유통 채널과 당사가 공동으로 대책을 실행하므로 납득하고 받아들여질 것이다. B도 협력 과정에서 앞으로의 거래와 관련한 개선점과 새로운 기회를 찾아낼 수 있다. ④ A에 대해 두 가지 활동 전체와 일관성과 정합성을 찾기 어려울 수도 있다. B에 대해서도 효과는 한정적이다. 따라서 ③이 바람직하다.

[도표 6-3]과 같으며, 결론도 당사와 유통 채널이 공동 체제로 추진한다는 점에서는 같다.

그렇다면 방법 해설형 [도표 6-8]과 방법 병렬형 [도표 6-3]의 차이점은 무엇일까. 방법 병렬형 [도표 6-3]은 '당사와 유통 채널이 공동 체제를 구축해 함께 활동을 전개한다'는 결론을 '어떻게 진행할 것인가?'라는 방법의 관점에서 설명한다. 관리 체제를 강화하는 공동으로 프로젝트를 구성한다거나 공동 캠페인이나 홍보를 실시한다는 계획이다.

하지만 과연 정말로 공동 체제가 좋을까. 유통 채널에 일임하거나 당사만 나서는 등 다양한 방법 중에서 '왜 공동 체제를 구축해 함께 활동을 전개해야 효과적인가?'를 설득하려면 그 이유를 명확히 설명해야 한다. 그럴 때 방법 해설형을 이용하도록 한다. 즉, 결론으로 주장한 대책을 실현하는 여러 방법들 가운데 왜 이 방법이 가장 좋다고 판단했는지 그 타당성을 제시하려면 [도표 6-8]처럼 방법 해설형 논리를 구성한다.

우선 '사실' 항목에 생각할 수 있는 불량품 대처법을 열거한다. 도표에서는 당사 단독, 유통 채널 일임, 양자 공동, 양자 분담 등 행동 주체에 따라 네 가지 방법을 들고 있다. 그다음으로는 '판단 기준'으로서 네 가지 방법을 어떻게 평가하고 선택해야 하는지를 설명하면 되는데 도표에서는 두 가지를 제시했다. A는 제조사로서의 책임을 완수해 시장에서 고객에게 호의적으로 받아들여질 수 있도록 하자는 것이고, B는 유통 채널과는 이번 불량품 사태 대응만이 아니라 앞으로도 협력 관계를 한층 더 강화하자는 것이다.

그리고 나서 앞서 언급한 네 가지의 방법을 평가한 '판단 내용'을 세 번째 근거로서 제시한다. 결론은 '각 유통 채널의 관리 체제 재확인과 안전성의 홍보는 시장에서 고객에게 호의적으로 받아들여질 거라는 점, 그리고 유통 채널과의 관계를 한층 강화할 수 있다는 점에서 당사와 유통 채널이 공동 체제로 추진한다'이다. 판단 기준인 밑줄 친 부분이 포함돼 '왜 공동 체제인가?'라는 논점에 답변을 시사한다.

이 사례는 결론에 대해 2단계까지 해설하고 있다. 결론에 좀 더 상세한 설명이 필요하면 3단계로 병렬형을 조합하여 단계를 늘리면 된다.

이처럼 해설형에서는 결론을 뒷받침하는 근거를 객관적 상황과, 결론을 이끌기 위한 판단 기준이나 판단 내용의 주관적 상황으로 명확히 나누어 제시한다. 객관적 사실을 공유한 뒤에 논리를 전달하는 사람의 '사고방식'을 강조하는 것이다. 따라서 '왜, 어떻게 이 결론에 이르렀는가'라는 자신의 사고를 상대에게 제시할 때 효과적인 논리 구조다.

사용상 유의점

사실이 옳아야 한다

해설형에서는 사실을 기점으로 결론을 설명한다. 설득력 있는 해설형 논리를 구성하려면 올바른 사실을 상대에게 제시하고 '과연 사실이 이렇군', '확실히 그러네'라고 수긍하게 해 논리의 장으로 끌어들여야 한다. 전달자가 제시한 사실이 상대에게 '사실 인식에 큰 오류가 있는 게 아닌가' 또는 '이것은 사실이라기보다 주관적 견해에 불과하지 않은가'

하는 생각이 들게 해서는 좀처럼 설득하기 어렵다.

실제로 프레젠테이션이나 회의 자리에서는 발표자가 전하고자 하는 가장 중요한 결론에 미처 도달하기 전에 현상 인식이나 전제 조건 단계에서 논쟁이 벌어져 시간을 다 잡아먹는 경우가 비일비재하다. 이런 사태를 피하기 위해서라도 사실의 내용은 반드시 MECE로 정리해야 한다. [도표 6-7]처럼 사실 부분을 3단계로서 병렬형으로 계층화해서 정리하면 좋다.

판단 기준이 명시돼야 하고 내용이 타당해야 한다

해설형 논리를 구성할 때는 결론을 이끌어내기 위한 판단 기준이 다음 두 가지 요건을 반드시 만족해야 한다.

- 판단 기준이 분명하게 명시돼 있어야 한다.
- 그 판단 기준이 지금 설정돼 있거나 혹은 스스로 설정한 과제에 대한 답변을 이끌어내는 데 타당한 내용이어야 한다.

필자는 에디터editor라는 직업 특성상 매일 상당한 분량의 다양한 원고를 읽고 있다. 그런데 판단 결과만 명시되고 판단 기준은 제시돼 있지 않은 글이 놀랄 정도로 많다. 이 같은 커뮤니케이션은 비단 비즈니스 문서에서만 벌어지는 것이 아닌 듯하다.

언젠가 필자는 복사와 제본 서비스를 이용하려고 이제껏 거래하던 회사에 업무를 의뢰한 적이 있다. 항상 이틀 만에 납품해주었기 때문에 그때도 그 기간을 염두에 두고 의뢰했지만 새로 온 영업 담당자가 나흘이 필요하다고 했다. 예전 담당자의 대응 기간과 왜 다른지 물어보았는데, 이유를 확실히 알려주지 않아서 아무래도 미심쩍었다. 이런 경험이 있는 사람은 필자만이 아닐 것이다. 어떤 결론이 있다면 분명 무언가 기준이 설정됐을 테고 그 기준을 명확히 제시해야 상대가 납득할 수 있다.

어떤 금융기관의 대출 담당자에게 이 경험을 말한 적이 있다. 그런데 그 사람에게 "고객의 대출 신청을 거절할 때 대출이 가능한 기준을 솔직히 말할 수 있다면 얼마나 편하겠느냐."라는 이야기를 들었다.

하지만 정말로 그럴까? 고객 입장에서는 솔직하게 판단 기준을 듣는 편이 의외로 납득하기도 쉽고 은행 대출 외의 다른 방법을 일찌감치 모색하는 등 현실적으로 대응할 수 있으니 좋지 않겠는가. 또한 고객과 기업이라는 구매자와 판매자, 혹은 의료 서비스의 수혜자와 제공자 사이에 일찍이 존재하던 압도적인 정보 격차는 인터넷으로 상징되는 정보통신 기술의 혁신에 힘입어 빠른 속도로 좁혀지고 있다. 앞으로는 고객이나 서비스 수혜자가 양적으로나 질적으로나 상당한 정보를 입수해 그 정보들을 스스로 정리하게 될 것이다. 그러면 뭔가 석연히 않음에도 마지못해 수긍했던 상대도 이제는 명쾌한 기준을 제시받지 못하면 더 이상 수긍하지 않을 것이다. 더욱이 판단 기준은 상대가 볼 때 타당해야 한다. 그렇지 않고서는 아무리 많은 기준이 명시된들 상대는 납득하지 못한다.

[도표 6-8]에서 언급한 불량품 발생 사태가 만약 식품 회사에서 일어

나 식중독 피해자가 생겼다면 어떻겠는가. 발생한 문제는 같지만, 회사의 입장을 표명하기 위한 논리를 구성할 경우에 [도표 6-8]의 논리는 세상 사람들을 납득시킬 수 없다. 이럴 때는 당연히 피해를 입은 사람들에 대해 어떻게 대응할지의 관점에서 판단 기준을 세워야 한다.

또한 전화가 불통이 된 상황을 상정해보자. 이럴 때는 문제의 대응 기준에 신속성이 포함돼야 사람들을 이해시킬 수 있을 것이다. 이렇듯 타당성 있는 판단 기준을 설정하려면 과제를 철저히 확인해야 한다.

사실, 판단 기준, 판단 내용의 흐름이 일관돼야 한다

마지막으로 [도표 6-7], [도표 6-8]처럼 기준에 비추어 어떤 판단을 내렸는지를 확실히 알 수 있게 생각을 전달하려면 '사실 → 판단 기준 → 판단 내용' 흐름에 의미의 일관성이 있어야 한다는 점을 강조하고 싶다. 그리고 어디까지나 상대가 그 일관성을 알 수 있느냐 아니냐가 중요하다.

189페이지 [도표 6-8]을 다시 살펴보자. 과제는 '당사는 모든 유통 채널의 관리 체제 재확인과 안전성 홍보를 어떻게 추진해야 하는가?'이다. 이에 대한 추진 방법으로 당사 단독, 유통 채널 일임, 양자 공동, 양자 분담 등의 방안이 있는데 그중에서 양자 공동 진행 방법을 채택하여 결론으로서 설명한 해설형 논리 유형이다. 이때 '사실 → 판단 기준 → 판단 내용' 흐름에 의미가 일관돼야 한다는 것은 무슨 뜻일까. 사실에서 ①, ②, ③, ④라는 네 가지 방안을 설명하고 판단 기준에서 A, B라는 두 가지 기준을 설정했다면, 판단 내용에서는 ①, ②, ③, ④ 각각의 방안을 A, B로 평가한 내용을 제시해야 한다는 의미다. 그리고 [도표 6-8]은 그렇게 구성돼 있다.

그런데 실제로 프레젠테이션의 예행연습이나 제안서의 초안을 보면 이런 기본 사항이 지켜지지 않은 경우가 허다하다. 처음에 네 가지 방안을 제시하면서도 판단 내용에는 전달자가 가장 바람직하다고 생각하는 방안에 대한 평가 결과밖에 제시돼 있지 않기도 하고, 혹은 판단 기준을 A, B 두 가지로 설정했는데도 판단 내용에서는 B로 평가한 결과가 없고 제3의 기준 C로 평가한 결과가 제시되기도 한다. 이런 식의 프레젠테이션이나 제안서는 '사실 → 판단 기준 → 판단 내용'이라는 의미상의 흐름이 일관되지 않은 탓에 상대를 납득시킬 수 없다.

적용 사례

해설형 논리 유형은 결론에 대한 근거를 객관적 근거(사실)와 전달자의 주관적 근거(판단 기준과 판단 내용)로 나누어 제시한다. 따라서 전달자의 사고방식 자체가 강조되는 논리 구조이므로 다음과 같은 경우에 효과가 크다.

- 객관적 사실로 공통 인식을 만들고 자신의 사고 흐름을 제시해 상대에게 자신이 내린 결론의 타당성을 강조하고 싶을 때
- 자신의 사고방식에 대해 상대의 의견과 조언을 듣고 싶을 때
- 여러 방안 중에서 선택한 방안의 타당성을 증명하고 싶을 때

지금까지 논리의 기본 유형인 병렬형과 해설형에 대해 알아보았다. 이 논리 구조를 익히려면 무엇보다 실제로 사용해보는 방법이 가장 좋다. 칼럼 다음에 마련한 집중 트레이닝을 해보도록 하자.

자신의 전문 분야일수록 주의하라

다른 사람의 설명을 듣고는 뭔가 석연치 않아서 '이 설명처럼 여길 수도 있겠지만, 정말로 그럴까?'라고 생각할 때가 있다. 이런 경우에는 대부분 설명에 결론을 이끌어내기 위한 판단 기준 자체가 제대로 제시돼 있지 않다.

다음 사례를 살펴보자. 환자가 기본적인 의학 지식을 갖고 있다면 α는 HDL-콜레스테롤이고 β는 LDL-콜레스테롤이므로 α만 높고 β는 정상치인 자신은 특별한 문제가 없다고 믿는다. 설명에서 누락된 판단 기준을 자신의 머릿속에서 보완해 결론을 이해한

저는 콜레스테롤 수치가 높은데 치료나 생활에 개선이 필요한가요?

아니요. 그럴 필요 없습니다. 왜냐하면, 혈중 콜레스테롤에는 α, β 두 종류가 있는데 환자 분은 비록 α 수치가 정상치보다 30퍼센트 높지만 β 수치는 정상입니다. 그래서 특별히 치료나 생활을 개선할 필요가 없고 지금까지와 같은 식생활과 운동량을 유지하면 됩니다.

(참고: 수치는 가공한 것이다.)

것이다. 하지만 의사가 내린 이 결론은 이론상 다른 기준이라도 성립한다. 예를 들어 α, β 양쪽 모두 정상치가 아닌 경우 외에는 의학적으로 문제가 없어서 아무 조치를 하지 않아도 된다는 기준이다.

판단 기준을 확실히 제시하지 않으면 상대는 경험이나 지식이 없는 한 결론을 전혀 이해하지 못한다. 혹은 전달자가 생각하는 기준과는 전혀 다르게 상정해서 제멋대로 결론을 이해할지 모른다.

납득할 수 있는 설명의 사례

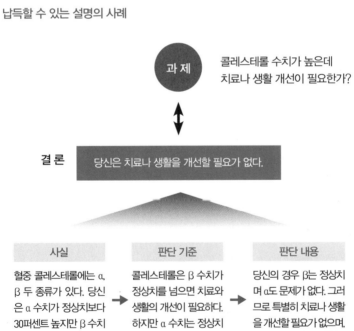

과 제 콜레스테롤 수치가 높은데 치료나 생활 개선이 필요한가?

결 론 당신은 치료나 생활을 개선할 필요가 없다.

사실
혈중 콜레스테롤에는 α, β 두 종류가 있다. 당신은 α 수치가 정상치보다 30퍼센트 높지만 β 수치는 정상이다.

판단 기준
콜레스테롤은 β 수치가 정상치를 넘으면 치료와 생활의 개선이 필요하다. 하지만 α 수치는 정상치의 40퍼센트까지 초과해도 문제가 없다.

판단 내용
당신의 경우 β는 정상치며 α도 문제가 없다. 그러므로 특별히 치료나 생활을 개선할 필요가 없으며, 지금까지처럼 식생활과 운동량을 유지하면 된다.

(참고: 수치는 가공한 것이다.)

어느 쪽이든 결론을 올바르게 이해하지 못하기 때문에 상대는 비슷한 상황이 닥쳐도 응용해서 행동할 수 없다. 결국 항상 같은 질문만 되풀이하게 된다.

전달자의 전문 분야나 경험이 풍부한 분야일수록 전달자 자신에게는 명백함으로 판단 기준을 제시할 때 불충분해지기 쉽다. 지금 근거로서 준비한 요소 가운데 상대에게 충분한 판단의 기준이 있는지 반드시 확인해보자.

/ 1 /

논리 유형의 기본을 완전히 익히자

병렬형과 해설형의 기본 연습을 해보자.

● 예 제 ●

> 식품 제조사인 당사의 파스타 소스 사업부에서는 최근 일고 있는 다이어트 붐을
> 계기로 다이어트를 겨냥한 상품의 사업화를 검토하기로 하고 프로젝트 팀을 결
> 성했다. 팀은 검토 내용을 차례차례 사업부장에게 보고했으며, 부장이 보고서를
> 이해하기 쉽도록 논리 구성을 했다.

다음 도표의 빈 칸 A, B, C에 ①~⑤ 중 적절한 문장을 넣어 올바른
논리 유형을 작성해보자.

사고방식과 해답 사례

1단계. 논리 유형을 확인한다

이 도표는 병렬형 논리 유형이다. 현황이라는 사실을 설명하기 위한 논
리이므로 병렬형을 사용한 것이다. 이런 경우에 판단 기준을 설정해서
무언가를 판단하는 해설형은 적합하지 않다.

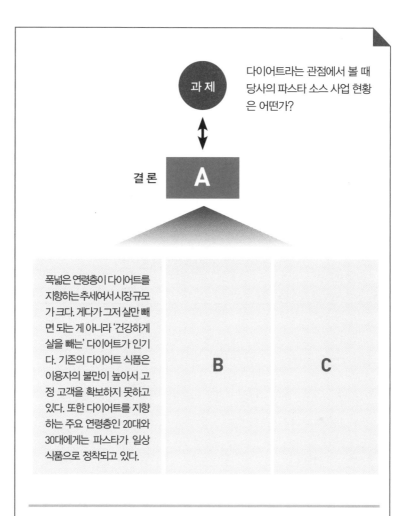

폭넓은 연령층이 다이어트를 지향하는 추세여서 시장 규모가 크다. 게다가 그저 살만 빼면 되는 게 아니라 '건강하게 살을 빼는' 다이어트가 인기다. 기존의 다이어트 식품은 이용자의 불만이 높아서 고정 고객을 확보하지 못하고 있다. 또한 다이어트를 지향하는 주요 연령층인 20대와 30대에게는 파스타가 일상 식품으로 정착되고 있다.

① 당사의 강점을 파악해본다. 작년에 특허를 취득한 인공 향신료에 다이어트 효과가 있어 전문가의 주목을 받은 점, 머지않아 다른 사업부에서 '세련된 디자인의 다이어트식'을 콘셉트로 한 상품이 개발되는 점, 그리고 당사의 일상 식품 브랜드가 시장에서 높은 평가를 받고 있으며 가격 경쟁력이 있다는 점 등이다.

② 경쟁사의 다이어트 식품은 간식 대용 또는 약의 연장선에 있거나 치료용이 대부분이다. 아직 건강한 사람의 식사가 될 만한 제품은 거의 없다. 그래서 최근 많은

식품 회사가 이 시장에 주목해 사업을 검토하기 시작했다.

③ 20대와 30대의 트렌드세터를 중심으로 일명 '발레리나 다이어트법'이 폭발적으로 퍼지고 있다. 평소에 파스타를 주식으로 먹으면서 체중 감량을 하는 방법으로 이 때문에 파스타가 일상 식품으로 자리잡았다.

④ 다이어트라는 관점에서 시장을 보면 상당한 규모가 될 것으로 전망된다. 또한 소비자는 살을 빼기만 하면 된다고 여기지 않고 '매일 손쉽게 먹을 수 있는 세련된 디자인의 다이어트 식품'을 원한다. 현재 경쟁사 제품들은 특별히 두드러지는 것 없이 비슷하며, 당사는 인공 향신료 특허 등 여러 우위성을 확보하고 있다.

⑤ 당사 상품은 파스타 소스 시장에서 일상 식품 브랜드로서 좋은 평가를 얻고 있다. 누구라도 한번쯤 먹어본 적 있는 보편적인 맛에, 부담 없는 가격이며, 원가 경쟁력도 높다.

2단계. 결론을 선택한다

과제를 확인하고 어떤 결론이어야 답변의 핵심으로 딱 들어맞을지 확인한다. 과제가 '다이어트라는 관점에서 볼 때 당사의 파스타 소스 사업 현황은 어떤가?'이므로 결론은 당연히 '다이어트라는 관점에서 본 당사의 사업 현황'을 설명한 것이어야 한다.

결론 A의 후보가 될 만한 것은 ① 아니면 ④다. 결론 A는 세 가지 근거 전체와 So What?/Why So?의 관계이므로, 결론에는 시장에 대해 서술한 왼쪽의 근거와도 So What?/Why So?의 관계가 성립하는 요소가 들어가야 한다. ④는 시장의 요소를 포함해 왼쪽의 근거와 So What?/Why So?가 된다. 하지만 결론 ①에는 시장의 요소가 없다. 따라서 결론은 ④가 된다.

3단계. 근거 B, C를 선택한다

결론 ④를 잘 읽고 세로 방향의 So What?/Why So?에서 근거 B, C의 관점을 생각한다. ④에는 시장의 요소 외에도 '각 경쟁사의 제품이 비슷하다는 판단'과 '인공 향신료 특허 등 당사의 강점'이 포함돼 있다. 따라서 이 점을 상세하게 설명하는 '경쟁사'와 '당사'라는 기준의 근거가 필요하다.

동시에 가로로 명시된 근거들의 관계는 MECE가 돼야 한다. 왼쪽에 제시된 시장의 이야기와 세로의 법칙에서 이끌어낸 '경쟁사'와 '당사'라는 기준을 묶어서 생각한다. 그러면 사업 현황을 MECE로 인식하는 3C, 즉 시장, 경쟁사, 자사의 관점에서 근거가 있어야 한다는 사실을 알 수 있다.

이 점에서 선택지를 살펴보면 B, C에는 경쟁사 관점의 근거로서 ②와 자사 관점의 근거로서 ①이 들어간다. ⑤도 분명 자사의 요소지만, 여기서는 결론 ④와의 사이에 So What?/Why So?의 관계가 성립되지 않는다.

문제1 빈 칸 A, B에 ①~④ 중 적절한 내용을 넣어 올바른 논리 유형
을 작성해보자.

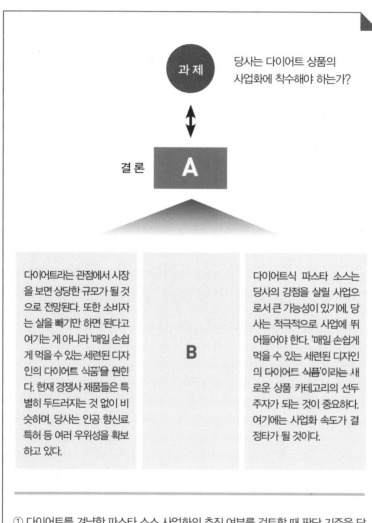

과 제 : 당사는 다이어트 상품의 사업화에 착수해야 하는가?

결론 **A**

다이어트라는 관점에서 시장을 보면 상당한 규모가 될 것으로 전망된다. 또한 소비자는 살을 빼기만 하면 된다고 여기는 게 아니라 '매일 손쉽게 먹을 수 있는 세련된 디자인의 다이어트 식품'을 원한다. 현재 경쟁사 제품들은 특별히 두드러지는 것 없이 비슷하며, 당사는 인공 향신료 특허 등 여러 우위성을 확보하고 있다.

B

다이어트식 파스타 소스는 당사의 강점을 살릴 사업으로서 큰 가능성이 있기에, 당사는 적극적으로 사업에 뛰어들어야 한다. '매일 손쉽게 먹을 수 있는 세련된 디자인의 다이어트 식품'이라는 새로운 상품 카테고리의 선두주자가 되는 것이 중요하다. 여기에는 사업화 속도가 결정타가 될 것이다.

① 다이어트를 겨냥한 파스타 소스 사업화의 추진 여부를 검토할 때 판단 기준을 당사의 강점을 활용할 수 있을지, 경쟁이 지나치게 과열되지는 않을지, 수익을 올릴수 있을지 등 세 가지 사항으로 한다.

② 약이나 곤약, 삶은 달걀 등에 의존하는 다이어트 방법은 맛이 없는 탓에 지속하기 어려운 데다가 건강에도 좋지 않다는 평이 주를 이룬다. 최근의 추세는 제대로 식사를 하면서 건강하게 살을 빼는 것이다. 그러나 기존의 다이어트 식품은 맛과 세련된 디자인 면에서 불만이 높아 특정 브랜드를 지속적으로 선호하는 고객이 적다.

③ 다이어트식을 전문으로 취급하는 식품 회사도 있다. 하지만 당뇨병 같은 치료 조절식에 특화해 의료용 유통 경로로만 판매하고 일반 시장에는 내놓지 않고 있다.

④ 다이어트 지향의 식품 시장은 아직 니즈에 맞는 상품이 없지만 잠재력은 크다. 당사는 '매일 손쉽게 먹을 수 있는 세련된 디자인의 다이어트식'이라는 신상품 카테고리의 개발을 목표로 사업화에 신속하게 착수해야 한다.

힌트 1 결론 A가 어떤 내용이면 과제에 대한 핵심 답변이 될 수 있을까? 사업화에 착수해야 하는가? 이런 과제에는 최종적으로 어떤 답변이 가능할까? 해당하는 선택지는 하나밖에 없다.

힌트 2 이 논리 유형은 해설형이다. 해설형에서 가로 방향으로 놓인 근거들의 관계는 '사실 → 판단 기준 → 판단 내용'이 된다. 판단 기준에 맞는 근거 B는 과제를 생각했을 때 무엇을 판단하는 기준이 돼야 하는가? B의 선택지로서 타당성 있는 내용은 무엇인가?

확인 B에 선택지를 넣어 세 가지 근거를 순서대로 설명할 때 그 내용에 일관성이 있는가? 그리고 세 가지 근거와 결론 A는 So What?/Why So?의 관계가 되는가?

문제2 빈 칸 A~G에 ①~⑧ 중 적절한 내용을 넣어 올바른 논리 유형을 작성해보자.

과 제
당사는 다이어트 상품 사업을 어떻게 전개해야 하는가?

결 론
당사는 '매일 손쉽게 먹을 수 있는 세련된 디자인의 다이어트식'이라는 새로운 식품 카테고리를 개발해 선두주자로서의 이익을 얻어야 한다. 이를 위해 '시간을 산다'는 발상으로 전략과 조직의 양 측면에서 사내외의 기술과 자원을 철저히 활용하는 접근법을 채택한다.

A

B

C

D

E

F

조기 사업화를 목표로 각 부서를 망라해 구성원을 모은 뒤 사장 직속의 다이어트 사업 개발 팀을 발족한다.

G

① 당사 제약 사업부는 다이어트를 의식해 조만간 단맛을 억제한 프랑스 과자 '바바루아'를 출시할 예정이며 현재 마케팅 활동을 펼치고 있다.

206

② 조직 면에서는 사업화 속도를 확보하기 위해 종래의 상품 부문별 수직적 구조를 폐지하고, 부서 간의 수평적 연계를 철저히 하는 동시에 외부 전문가를 활용하는 방안도 추진한다.

③ 가격 면에서는 타사가 따라잡지 못하도록 파스타 소스가 아닌 다른 인기 레토르트 상품의 가격을 참고한다.

④ 당사에 부족한 '세련된 디자인 상품의 마케팅 기술'을 보완하기 위해 외부 전문가들로 팀을 만들어 상품이 궤도에 오를 때까지 지도를 받는다. 이 부문에 투자를 아끼지 않는다.

⑤ 전략 면에서는 원가 경쟁력 등 당사의 강점을 활용하면서 소비자에게 새로운 상품 카테고리의 최초 개발사로 인식되도록 마케팅 전략에 힘을 쏟는다.

⑥ 유통 면에서는 다이어트에 관심 있는 고객층이 자주 이용하는 편의점과 드럭스토어를 주력 유통 채널로 한다. 당사의 다른 제품과 경쟁을 일으키지 않도록 '다이어트식'이라는 별도 진열 공간을 설치하게 한다.

⑦ 프로모션 면에서는 '다이어트 파스타' 하면 소비자가 바로 당사를 떠올릴 수 있도록 유통 채널과 고객을 대상으로 출시 전부터 시식회 등 캠페인을 미리 실시한다.

⑧ 상품 면에서는 기존의 '미트 소스 라이트'를 기본으로 하되, 주목받고 있는 독자적인 인공 향신료를 최대한 활용해 새로운 레시피를 단시일 내에 개발한다.

/ 2 /

비논리적인 전개를 간파하는 능력을 기르자

이 세상에는 언뜻 보기에 논리적이지만 사실은 비논리적이어서 이해하기 어려운 문서나 구두 설명이 너무나 많다. 이런 경우에도 논리 유형을 활용하면 논리적이고 이해하기 쉬운 문서나 설명으로 개선할 수 있다.

● 예 제 ●

다음 문장은 '당사 건강식품 사업의 현황 보고'를 주제로 쓰인 글인데, 아무래도 논리가 정연하지 못하다. 당신이라면 어떻게 개선하겠는가. 올바른 논리 구성안을 논리 유형으로 제시해보자.

당사 건강식품 사업의 현황 보고서

결론
당사의 건강식품 사업을 둘러싼 환경은 상당한 위기에 처해 있다. 구체적인 핵심 내용은 다음 세 가지로 정리할 수 있다.

① 시장 환경의 관점
최근 몇 년 동안 소비의 둔화로 건강식품 시장의 규모는 당초 예상처럼 성장세를 보이지 못하고 이미 가격 경쟁으로 돌입했다.

② 상품의 관점
새로운 경쟁사들이 칼슘 증량 파스타, 비타민 보강 쌀, 식물섬유 보강 수프 등

건강을 의식한 식품을 시장에 출시해 점유율을 높여가고 있다. 이에 비해 당사의 주력 상품인 미라클 X는 '약과 비슷한 것'으로 최근 2년 정도 매출 부진에 허덕이고 있다.

소비자는 영양보조 식품으로서 개발된 '약과 비슷한 것'보다 식품에 함유된 각종 영양소를 첨가한 '건강을 의식한 식품'에 더욱 관심이 많다. 이것은 모든 세대에 일고 있는 건강 붐의 영향으로 나타난 현상이다.

③ 당사의 관점

당사의 주력 상품인 미라클 X는 특허를 취득한 특수 효모를 사용했기에 일정한 가격 프리미엄이 있다. 하지만 최근 2년 동안 매출이 지속적으로 하락했으며 결과적으로 당사의 전체 매출이 침체를 겪고 있다. 또한 최근 판로를 확대하면서 일부 판매 유통 채널에서 약사법에 저촉되는 발언을 하는 바람에 고객과 문제가 생겼다. 이 일로 고객들 사이에서 당사에 대한 부정적인 이미지가 확산되고 있다.

사고방식과 해답 사례

1단계. 논리 유형을 확인한다

'당사의 건강식품 사업 현황을 보고한다'는 설정에서 병렬형 논리 유형을 사용한다는 것을 알 수 있다.

2단계. 올바른 MECE의 기준을 찾아낸다

얼핏 논점이 정리된 것처럼 보이는 글이지만, 전체를 꼼꼼히 읽으면 아무래도 전반적인 내용이 시장의 관점, 상품의 관점, 당사의 관점이라는 표제와 맞지 않고 중복된 부분도 있다.

상품의 관점을 정리한 ②의 후반부에서 '소비자는 영양보조 식품으로서 개발된 '약과 비슷한 것'보다 식품에 함유된 각종 영양소를 첨가한 '건강을 의식한 식품'에 더욱 관심이 많다. 이것은 모든 세대에 일고 있는 건강 붐의 영향으로 나타난 현상이다'라는 대목은 시장의 질적 변화를 서술하고 있다. 따라서 상품보다 시장의 관점에서 정리하는 것이 좋다.

마찬가지로 ②의 '이에 비해 당사의 주력 상품인 미라클 X는 '약과 비슷한 것'으로 최근 2년 정도 매출 부진에 허덕이고 있다'라는 대목은 당사의 관점인 ③과 중복되며 내용이 오락가락해서 명확하지가 않다.

게다가 시장의 관점, 상품의 관점, 당사의 관점이라는 분류로 과연 당사의 건강식품 사업 현황의 전체상을 파악할 수 있을까? 만일 당신이 '지금 사업 현황을 분석하고 있는데 시장과 당사라는 요소가 있다. 그렇다면 경쟁사라는 관점에서는 어떤 상황일까?'라고 폭 넓게 생각을 했다면 로지컬 커뮤니케이션의 기본 실천에 상당히 익숙해졌다고 볼 수 있다.

이럴 때는 MECE를 사용해 상품의 관점을 경쟁사의 관점으로 바꿔야 한다. 그렇게 하면 결론을 뒷받침하는 근거는 ① 시장의 관점 ② 경쟁사의 관점 ③ 당사의 관점, 이렇게 3C가 된다.

3단계. 3C의 구성으로 근거 요소를 정리한다

① 시장의 관점 ② 경쟁사의 관점 ③ 당사의 관점이라는 틀 속에 모든 근거 요소를 바르게 그룹핑해서 정리하면 다음의 도표와 같다.

4단계. 근거를 So What?/Why So?해본다

지금까지 정리한 근거 세 가지와 결론이 So What?/Why So?의 관계가 되는지를 파악해 올바르게 논리 구성이 됐다는 사실을 확인한다.

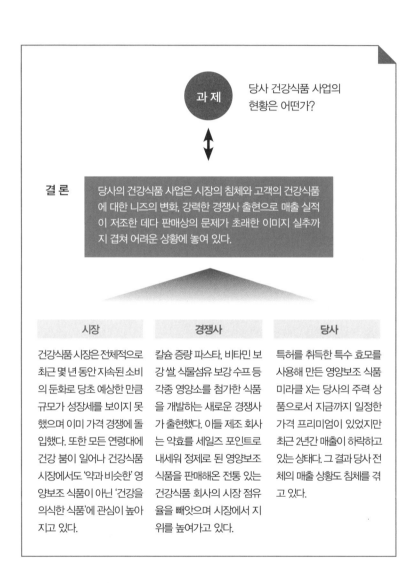

과 제 당사 건강식품 사업의 현황은 어떤가?

결 론 당사의 건강식품 사업은 시장의 침체와 고객의 건강식품에 대한 니즈의 변화, 강력한 경쟁사 출현으로 매출 실적이 저조한 데다 판매상의 문제가 초래한 이미지 실추까지 겹쳐 어려운 상황에 놓여 있다.

시장

건강식품 시장은 전체적으로 최근 몇 년 동안 지속된 소비의 둔화로 당초 예상한 만큼 규모가 성장세를 보이지 못했으며 이미 가격 경쟁에 돌입했다. 또한 모든 연령대에 건강 붐이 일어나 건강식품 시장에서도 '약과 비슷한' 영양보조 식품이 아닌 '건강을 의식한 식품'에 관심이 높아지고 있다.

경쟁사

칼슘 증량 파스타, 비타민 보강 쌀, 식물섬유 보강 수프 등 각종 영양소를 첨가한 식품을 개발하는 새로운 경쟁사가 출현했다. 이들 제조 회사는 약효를 세일즈 포인트로 내세워 정제로 된 영양보조 식품을 판매해온 전통 있는 건강식품 회사의 시장 점유율을 빼앗으며 시장에서 지위를 높여가고 있다.

당사

특허를 취득한 특수 효모를 사용해 만든 영양보조 식품 미라클 X는 당사의 주력 상품으로서 지금까지 일정한 가격 프리미엄이 있었지만 최근 2년간 매출이 하락하고 있는 상태다. 그 결과 당사 전체의 매출 상황도 침체를 겪고 있다.

경쟁사 X는 영유아를 대상으로 한 통신교육 사업 '키즈챔프'로 지난 5년 동안 연 8퍼센트의 성장률을 보이며 큰 성공을 거뒀다. 부하가 X사의 실태를 조사해 보고서를 썼는데, 이를 살펴보니 결론은 올바르게 잘 정리했지만 아무래도 요인을 분석한 근거에 설득력이 없다.

대체 어느 부분에 문제가 있는 것일까. 그리고 어떤 방향으로 개선하면 좋을까? 올바른 논리 구성안을 논리 유형으로 제시해보자.

경쟁사 X의 키즈챔프 실태 보고서

결론

키즈챔프는 마케팅의 각 측면에서 기존 사업을 활용하고 부모의 니즈에 철저하게 대응 중이다. 키즈챔프의 성공 요인은 세 가지로 정리할 수 있다.

요인 ①

저출산 현상으로 부모의 관심과 열의가 한두 명의 영유아에게 집중돼 교육열이 높아진 한편, 일하는 엄마가 급증하고 있다.

요인 ②

단순히 가르치기 위한 도구가 아니라, 자녀와의 커뮤니케이션 문제로 고민하는 부모가 자연스럽게 자녀에게 예절 등까지 교육할 수 있는 교재를 연구하고 있다. 또한 다른 부모와의 정보 교환을 목적으로 한 정보지도 배포하고 있다. 이런 점에서 많은 부모의 지지를 얻고 있다.

요인 ③

X사의 어머니들을 위한 월간지 《멋있는 엄마》와 《황새의 선물》은 업계 굴지의 발행 부수를 자랑하는데 X사는 이 잡지 독자들을 대상으로 우편물 마케팅을 펼쳐 키즈챔프의 회원을 확보했다. 그리고 120만 명이라는 대규모 회원을 보유한 장점 덕

에 수강료가 월 17,000원밖에 되지 않는다. 다른 영유아 교육 프로그램에 비해 매우 저렴하고 우위성 있는 가격이라 회원들에게 좋은 평가를 얻고 있다.

힌트 1 현상과 그 요인이므로 병렬형 논리 유형으로 정리하려고 한다. 결론이 올바르다고 전제했을 때 근거가 어떤 기준으로 나열돼야 설명이 설득력 있게 될까? 결론은 '키즈챔프는 마케팅의 각 측면에서 기존 사업을 활용하고 부모의 니즈에 철저하게 대응하고 있다'이며, 마케팅의 구성 요소는 4P(상품, 가격, 유통, 촉진 전략)라는 기준으로 MECE에 적합하게 분류할 수 있다.

힌트 2 MECE의 기준을 찾아낸 다음에는 각 기준마다 들어가야 할 요소가 요인 ①, 요인 ②, 요인 ③으로 망라됐는지, 중복 없이 정리됐는지를 확인한다.

요인 ②는 마케팅의 구성 요소 4P의 하나로 이루어져 있다. 통신교육 교재와 정보지와 관련한 내용은 4P 중 어디에 해당하는가?

요인 ③은 4P 중에서 두 가지 요소가 섞여 있다. 어떻게 나누면 될까?

요인 ①은 시장의 동향을 설명할 뿐이지 애당초 마케팅의 구성 요소가 되지 않는다.

요인 ②와 요인 ③에서는 4P 중 어느 항목이 빠져 있는가? 그 항목이 요인 ①이라고 한다면 어떤 요소를 추가하면 좋을까?

문제2 당신은 식품 회사의 상품기획 담당 과장이다. 당신 팀은 최근 모든 세대에서 관심이 높아진 다이어트에 주목했고, 다이어트를 주제로 사업화를 기획해 경영진에게 사업화 여부에 대한 판단을 구하게 됐다. 그래서 부하에게 회의에서 발표할 설명의 골자를 생각해보라고 지시를 내렸는데, 부하가 다음처럼 요점을 정리해 보고했다. 검토해보니 결론과 사실 인식은 이대로 괜찮은데 뒷부분이 아무래도 딱 들어맞지 않는다. 원인은 무엇인가? 어느 부분을 개선해야 하는가?

다이어트 상품 사업화 검토 보고서

결론
당사는 조속히 현재 기획하고 있는 상품의 사업화에 착수해야 한다.

근거
현황 다이어트 관련 시장은 상당한 성장세가 전망된다. 소비자는 손쉽게 매일 먹을 수 있는 다이어트 식품을 원한다. 현재 당사는 소비자가 칼로리를 계산하면서 기호에 맞춰 조합하면 식사가 되는 10종의 상품을 기획하고 있다. 이런 시장 니즈에 대응할 수 있는 경쟁사는 아직 없으며 시장에 히트 상품은 존재하지 않는다.

판단 기준 신상품을 히트 상품으로 키우는 데는 그 상품의 새로운 활용 상황과 그 상품에서 얻을 수 있는 이점을 소비자에게 확실히 홍보할 수 있느냐가 관건이다.

판단 내용 현재 기획 중인 상품이 사업화될 때 텔레비전의 요리 프로그램 〈초간단 레시피 백과〉 또는 주부 대상 잡지나 건강 잡지와 제휴해서 칼로리 계산이 손쉬운 식품으로 대대적인 확산 판매를 한다.

힌트 1 논리 유형은 해설형이 좋지만, 과연 이 판단 기준은 옳은가? 그럴 경우에 과제는 '다이어트를 주제로 한 식품의 사업화에 착수해야 하는가?'다.

힌트 2 또한 과제에 비추어 판단 내용이 결론과 일치하는가? '사실 → 판단 기준 → 판단 내용'이라는 흐름상 일관성이 있는 판단 내용인지를 확인하자. 어떤 내용이어야 하는가?

복권에 당첨된다면

해설형 논리에서는 기점이 되는 '사실'이 같아도 '판단 기준'이 다르면 당연히 '판단 내용', 더 나아가서는 '결론'이 달라진다. 여기서 잠깐 두뇌 트레이닝을 해보자. 당신이 운 좋게도 1천만 원짜리 복권에 당첨됐다고 가정해보자. 컴퓨터를 살까? 자동차 대출을 일시불로 갚아버릴까? 가족 여행을 가면 어떨까? 모처럼 손에 쥔 1천만 원을 나중에 후회하지 않게 쓰고 싶을 것이다.

당신이라면 어떤 논리를 세우겠는가? 가장 편리한 논리 유형은 해설형이다. 우선 사실로서 1천만 원으로 하고 싶은 일 또는 해야한다고 생각하는 일을 골라 여러 선택지로 설정한다. 그런 뒤 판단 기준을 설정하고 판단 내용을 설명해 결론을 증명하는 것이 효과적이다.

쑥스럽지만 필자 두 명이 각자 생각한 논리를 공개하겠다. 두 사람의 판단 기준이 다르므로 결론도 당연히 다르다. 머릿속에 떠오르는 기준을 명확히 정리한 다음 어떤 식으로 전달해야 자신의 결론을 상대에게 납득시킬 수 있을지를 필자의 사례를 참고해 생각해보자. 그리고 이처럼 일상의 커뮤니케이션에도 얼마든지 논리 유형을 활용할 수 있다는 점을 기억하자.

● 1천만 원을 어디에 쓸까 1

과 제   만일 1천만 원짜리 복권에 당첨된다면 당신은 무엇을 하겠는가?

↕

결 론   1천만 원짜리 복권에 당첨되면 미용 성형을 하겠어!

사실	판단 기준	판단 내용
만일 지금 1천만 원짜리 복권에 당첨된다면 하고 싶은 일은 세 가지다. ・최근 갑자기 기억력이 감퇴한 느낌이 들어서 최고급 뇌 종합검진을 받아 뇌의 현재 상황을 파악하고 싶다. ・평소에 쌓인 피로를 풀기 위해 남쪽 섬 리조트에서 호화로운 휴가를 보내면서 재충전하고 싶다. ・전부터 신경 쓰였던 주름과 기미를 획기적이고 안전한 미용 성형으로 단번에 제거하고 싶다.	당첨금 1천만 원은 하늘에서 떨어진 공돈이므로 이마에 땀 흘려가며 힘들게 번 돈으로는 절대 하지 못할 일에, 게다가 비용 대비 효과도 가장 불확실한 용도로 쓴다.	뇌 종합검진도, 호사스러운 휴가도 일정한 만족감과 성과를 얻을 수 있는 것은 확실하다. 하지만 미용 성형은 정말로 보람이 있는 결과가 될지 아닐지 극히 불확실하다. 따라서 이 공돈은 만용을 부려 미용 성형에 투자하겠다!

● 1천만 원을 어디에 쓸까 2

과 제   만일 1천만 원짜리 복권에 당
첨된다면 당신은 무엇을 하겠
는가?

결 론   최고급 뇌 종합검진을
받아야지!

사실	판단 기준	판단 내용
만일 지금 1천만 원짜리 복권에 당첨된다면 하고 싶은 일은 세 가지다. • 최근 갑자기 기억력이 감퇴한 느낌이 들어서 최고급 뇌 종합검진을 받아 뇌의 현재 상황을 파악하고 싶다. • 평소에 쌓인 피로를 풀기 위해 남쪽 섬 리조트에서 호화로운 휴가를 보내면서 재충전하고 싶다. • 전부터 신경 쓰였던 주름과 기미를 획기적이고 안전한 미용 성형으로 단번에 제거하고 싶다.	지금까지 이미 복권을 사는 데 돈을 많이 쏟아부었다. 그러니 1천만 원은 투자 효과가 가장 확실한 데 쓰도록 한다.	남쪽 섬에서의 휴가는 기후라든지, 같은 시기에 어떤 관광객이 같은 호텔에 묵는지 등에 따라 만족도가 크게 달라질 것이다. 또한 미용 성형도 효과가 불확실하다. 이에 비해 뇌 종합검진은 1천만 원이면 상당히 정밀한 검진을 받을 수 있어 앞으로의 인생 설계에 큰 도움이 될 것이다. 따라서 이 1천만 원을 최고급 뇌 종합검진에 투자하겠다!

제7장
논리 유형을 활용한다

1. 논리 유형은 이렇게 사용한다

생각을 논리적으로 구성하는 방법, 즉 논리 유형은 제6장에서 소개했듯이 병렬형과 해설형 단 두 가지뿐이다. 병렬형과 해설형 논리 유형을 완전히 익히면 두 가지를 조합해서 어떤 과제에 답변해야 하든 자유자재로 논리 구성을 할 수 있다.

제6장에서 소개한 논리 구성의 사례는 모두 하나의 과제에 대한 답변을 설명하거나 제안하는 것이다. 하지만 실제 비즈니스에서는 여러 과제를 맞닥뜨리는 일이 흔하고, 답변 또한 무언가 새로운 조합이나 대책을 제안하면서 그 조합이 필요한 이유와 실행 방법을 제시해야 할 때

가 많다. 그러므로 자신이 답변할 과제가 몇 개 있는지부터 따져보자. 이제부터는 가장 기본이 되는 두 가지의 논리 유형인 병렬형과 해설형을 어떻게 조합해 논리 구성을 하면 좋을지 살펴보도록 한다.

한 가지 과제에 답변할 때

지금까지 설명한 것처럼 논리 구성을 할 때는 그 논리로 어떤 과제에 답변해야 하는지 확인하는 것이 중요하다. 논리 유형은 항상 답변의 핵심인 결론, 그것을 뒷받침하는 근거와 방법으로 구성된다. 따라서 답변할 과제가 하나라면 답변 전체는 병렬형이나 해설형으로 논리 구성을 한다.

그런데 실제 비즈니스 커뮤니케이션에서는 2단계까지의 한 계층으로 이뤄진 논리 구성으로는 상대의 Why So?에 충분히 답할 수 없는 경우가 많다. 이럴 때는 2단계에 있는 근거와 방법의 각 요소를 3단계 병렬형이나 해설형 논리 구조로 구성하고 논리 유형을 세로로 조합해야 하는데, 전형적인 조합 방법은 두 가지다(도표 7-1).

필자는 커뮤니케이션 트레이닝 세미나에서 참가자들로부터 "해설형으로 전체 논지를 작성하고 나서 각 근거도 해설형으로 구성하면 안 됩니까?"라는 질문을 자주 받는다. 확실히 판단 기준은 얼마든지 타당성을 설득하는 해설형으로 구성할 수 있으나(222페이지 칼럼 〈상대가 판단 기준을 납득할 수 있는지가 중요하다〉 참고) 사실이나 판단 내용을 해설형으로 구성할 수는 없다.

220

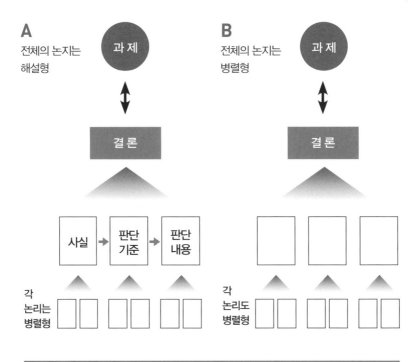

[도표 7-1] 한 가지 과제에 답변하기 위한 논리 유형의 조합

A
전체의 논지는
해설형

과 제

결 론

| 사실 | → | 판단 기준 | → | 판단 내용 |

각
논리는
병렬형

B
전체의 논지는
병렬형

과 제

결 론

각
논리도
병렬형

또한 전체의 논지를 병렬형으로 작성하고 각 의견을 해설형으로 제시하는 조합 방법은 있을 수 있지만 극히 드물다. 가령 '당사의 각 사업은 자력으로 존속해야 하는가, 아니면 다른 힘을 활용해야 하는가'라는 과제에 대한 답변이 여기에 해당하지만, 이런 경우는 그다지 많지 않다. 물론 이때 각 논리의 해설형 판단 기준이 같아야 한다.

상대가 판단 기준을
납득할 수 있는지가 중요하다

휴일 전철 안에서 우연히 이런 대화를 들었다.

손자 이번에 새로운 게임이 나오거든요. 제 친구들은 A도, B도, C도 모두 산대요. 할머니, 저도 갖고 싶어요.

할머니 그건 안 돼. 우리 집에선 게임은 4학년부터 하는 거야. 형도 그랬잖니? 그러니까 너도 1년만 더 참으렴. 친구네는 친구네고 우리 집은 우리 집이니까.

손자 왜 우리만 다른 거예요? 우리 집만 그래. 다들 사주는데.

할머니 집집마다 다 생각이 다른 법이란다. 할머니는 사주고 싶지만 엄마가 그렇게 정했는걸.

손자 왜요?

할머니 ….

손자 진짜 이해가 안 가요.

이 대화에서 판단 기준은 우리 집에서 게임은 4학년부터 가능하다는 것이며, 이에 따라 할머니는 손자가 갖고 싶어 하는 인기 게임을 사주지 않겠다고 말하고 있다. 하지만 왜? 아이가 아니라도 이런 상황에서는 누구나 묻고 싶을 것이다. 왜 4학년이 될 때까지 게임을 하면 안 되는가? 이 의문에 답하지 못하는 한, 아이는 친구가 새로운 게임을 손에 넣을 때마다 마음 약한 할머니에게 한 가닥 희망을 걸고 같은 대화를 반복할 것이 틀림없다.

'사실 → 판단 기준 → 판단 내용' 흐름으로 결론을 뒷받침하는 해설형 논리 유형인 경우, 상대가 봤을 때 판단 기준이 타당해야 설득력을 갖는다. 그런데 아이와 할머니의 대화에는 왜 4학년이 돼야 게임을 할 수 있는지 그 근거가 없다. 할머니가 판단 기준을 확실히 설명해주면 아이가 알아들을 텐데 말이다.

비즈니스에서도 본질은 같다. 몇 가지 전략안 중에서 어느 것을 선택할 것인가, 이 사업에 투자해야 할까 말아야 하는가 등의 과제에 대해 왜 이 판단 기준을 설정했는지 그 근거가 제시되지 않으면 상대는 결론을 받아들이지 못한다. 언젠가 필자는 어느 기업에서 임원들을 대상으로 로지컬 커뮤니케이션 연수를 실시한 적이 있는데 당시 "어떻게 판단 기준을 설정할까, 그 논리야말로 경영의 의사결정이다."라고 이야기한 사람이 있었다. 정말 맞는 말이다.

두 가지 과제에 동시에 답변할 때

실제 비즈니스에서는 한 번의 커뮤니케이션에서 두 가지 과제에 동시에 답변해야 할 때가 종종 있다. 제6장의 [도표 6-2], [도표 6-3], [도표 6-7], [도표 6-8]을 다시 한번 살펴보자. 소비재 제조사에서 불량품이 발생한 사태에 '어떻게 대처해야 하는가'(과제 1), '구체적으로 어떤 방식으로 할 것인가'(과제 2)를 각각 논리 구성한 사례다.

업무에서 이렇게 두 가지 과제가 동시에 부여되면 과제 1의 답변인 '대처의 전체적인 방향성'과 과제 2의 답변인 '구체적인 대처 방법' 등 한꺼번에 두 가지 답변을 전달하게 된다. 불량품 사태와 관련한 과제 1의 결론은 '시장, 경쟁사, 유통 채널, 자사에 미치는 영향을 고려해서 모든 유통 채널의 관리 체제를 재확인하고 고객에게 안전성을 널리 홍보한다'이고, 과제 2의 결론은 '모든 유통 채널의 관리 체제를 재확인하고 안전성을 홍보하는 동시에 당사와 유통 채널이 공동 체제로 함께 활동을 전개한다'이다. 결론이 두 가지이기에 각각의 결론을 정점으로 구성한 논리 구조도 두 가지를 만들어야 한다.

그런데 두 가지의 결론을 무리하게 하나의 논리 구조에 끼워 맞추려다가 결국은 애매모호한 '논리의 오류' 유형이 만들어지는 일이 자주 발생한다. 두 가지의 과제를 전제로 두 가지의 결론을 전달하고자 한다면 두 가지의 논리 유형을 준비하고 그것을 가로 방향으로 합해야 한다. 논리 유형은 제6장에서 살펴본 것처럼 병렬형과 해설형이 있으므로 조합 방법은 모두 네 가지가 된다.

병렬형 + 병렬형 (도표 7-2, 도표 7-3)

'무엇을 해야 하는가', '그러려면 구체적으로 어떻게 진행할 것인가'라는 과제들 모두에 병렬형을 이용하는 조합이다. 제6장에서 설명한 것처럼 병렬형은 결론을 MECE로 설명한 근거 혹은 방법으로 뒷받침하고, 결론의 배경에 있는 검토 사항과 사고방식이 누락이나 중복 없이 폭넓은 사고 범위에서 이루어졌음을 제시해 상대를 설득하는 매우 간단하고 명쾌한 논리 구조다.

[도표 7-3]은 불량품 발생의 과제에 병렬형+병렬형을 적용했다. 여

[도표 7-2] 두 가지 과제에 답변하기 위한 논리 유형의 조합 1

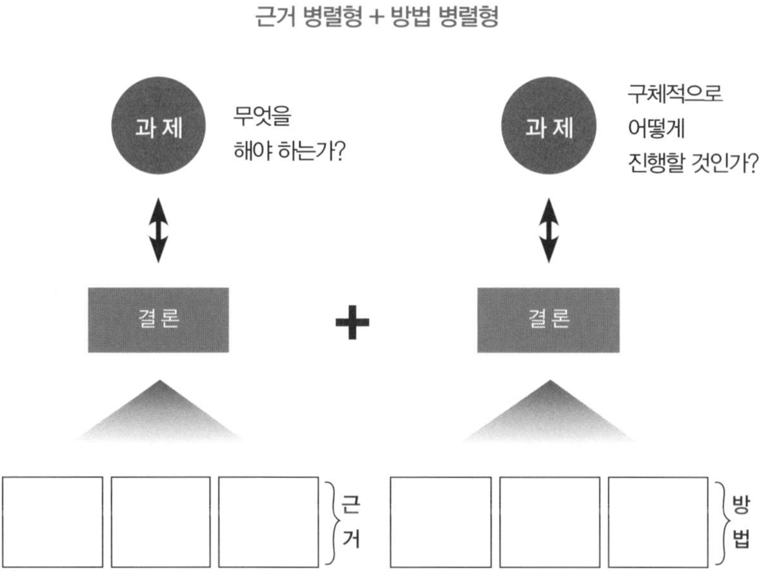

근거 병렬형 + 방법 병렬형

● 근거 병렬형

과 제

당사는 대형판매점의 관리 부실로 일어난 핵심 상품 LX-20의 불량품 발생 사태에 어떻게 대처할 것인가?

결 론

당사는 시장, 경쟁사, 유통 채널, 자사에 미치는 영향을 고려해, 모든 유통 채널에서 관리 체제를 재확인하고 고객에게 안전성을 널리 홍보한다.

시장의 관점	경쟁사의 관점	유통 채널의 관점	자사의 관점
고객 입장에서나 사회에서는 유통 채널의 관리 부실과 당사 제품의 품질 불량이 같은 의미다. 유통 채널과 상관없이 당사 상품에 대한 불신감이 고조될 우려가 높다.	경쟁사에게 LX-20의 불량품 발생은 알맞은 공격 소재다. 당사 고객층을 빼앗길 우려가 크다.	대형판매점에서 일어난 사고로 다른 유통 채널이 당사 상품의 관리에 불안을 느껴 당사 상품의 취급에 소극적이 될 우려가 있다.	LX-20뿐만 아니라 당사 제품에 대한 안전성과 신뢰성은 매우 중요하다. 특정 유통 채널의 판매 관리 문제로 사고를 수습하면 다른 유통 채널과 상품에 악영향을 미칠 수 있다.

● 방법 병렬형

과 제 당사는 모든 유통 채널의 관리 체제 재확인과 고객에 대한 안전성 홍보를 어떻게 추진할 것인가?

결 론 유통 채널의 관리 체제 재확인과 고객에 대한 안전성 홍보를 당사가 유통 채널과 공동 체제를 구축해 함께 활동을 전개한다.

모든 유통 채널의 관리 체제를 재확인하는 대책	안전성을 고객에게 홍보하기 위한 대책
당사가 유통 채널을 감찰하는 방식이 아니라 품질 관리의 향상을 목적으로 당사와 유통 채널이 공동 프로젝트를 구성한다. 그리고 1개월 이내에 진단과 개선책을 추출한다.	당사와 유통 채널이 공동 체제로 각 매장에서 품질 보증 캠페인을 실시하고 신문과 잡지에 공동으로 광고를 게재한다.

기서 알 수 있듯 병렬형+병렬형은 전달자가 답변하는 전체상을 단적으로 제시할 수 있다.

그런데 전달자의 주관적 판단이 객관적 사실과 구별되지 않는다. 이런 이유로 왜 '시장, 경쟁사, 유통 채널, 자사에 미치는 경향을 고려하여 대형판매점뿐만 아니라 모든 유통 채널의 관리 체제를 재확인하고 고객에게 안전성을 알린다'는 결론에 이르렀는지 그 사고의 흐름을 상대에게 알릴 때나 사고방식을 논의할 필요가 있을 때는 별로 적합하지 않다.

또한 '구체적으로 어떻게 진행할 것인가'라는 과제는 유통 채널의 관리 체제 재확인과 안전성 홍보 모두 당사와 유통 채널이 공동으로 실시하는 방법을 전개하는 구성이다. 그래서 '애초에 정말로 당사와 유통 채널이 공동으로 추진하는 것이 좋을까?', '불량품이 발생한 대형판매점 측에서 뭔가 대책을 강구해야 하지 않을까?' 하는 의문을 품은 상대를 설득하기가 어렵다.

따라서 병렬형+병렬형은 상대와 결론의 옳고 그름을 논할 필요가 없고, 상대가 결론을 제대로 이해하고 알맞은 대책을 세우기를 바라는 경우에 효과가 더욱 크다. 이를테면 사내 공지나 업무 연락이 이에 해당한다.

해설형 + 병렬형 (도표 7-4, 도표 7-5)

'무엇을 해야 하는가'라는 과제는 해설형을, '그러려면 구체적으로 어떻게 진행할 것인가'라는 과제는 병렬형을 이용하는 조합이다.

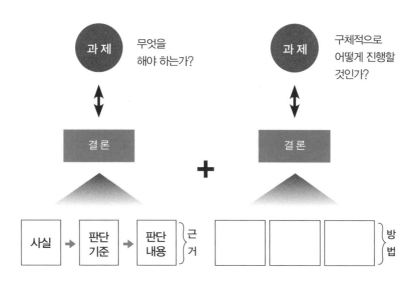

근거 해설형 + 방법 병렬형

[도표 7-5]를 살펴보자. '불량품 발생 사태에 어떻게 대처할 것인가' 라는 과제에 해설형을 사용했다. 커뮤니케이션할 때 전달자가 상대에게 객관적 상황을 공유하면, 상대는 전달자가 불량품 대처에 대한 판단 기준인 '회사 전체에 미칠 악영향을 최소화한다'라는 관점에서 현황을 판단해 결론에 도달했음을 이해하게 된다.

이처럼 객관적 사실을 공유함으로써 상대를 자신이 마련한 논의의 장으로 끌어올 수 있다면 결론을 납득시키기 쉽다. 또한 사실과 주관적 사고를 구별해서 제시하면 만약 상대의 생각이 달라서 논의가 필요할

● 근거 해설형

과 제

당사는 대형판매점의 관리 부실로 일어난 핵심 상품 LX-20의 불량품 발생 사태에 어떻게 대처할 것인가?

결 론

당사는 핵심 상품의 불량품 발생이 회사 전체에 미칠 악영향을 최소화한다는 관점에서 모든 유통 채널의 관리 체제를 재확인하고 고객에게 안전성을 널리 홍보한다.

사실	판단 기준	판단 내용
대형판매점의 관리 부실이 초래하는 영향은 LX-20의 판매 부진에 그치지 않고 다른 유통 채널과 다른 상품에까지 고객과 유통 채널의 불안감이 확산되고 있다.	LX-20이 당사의 핵심 상품이라는 점을 고려하면 해당 유통 채널과 상품뿐만 아니라 회사 전체에 미칠 악영향을 최소화하는 관점에서 대처해야 한다.	당사는 대형판매점뿐만 아니라 모든 유통 채널의 전 상품에 대해서 상품 관리 및 판매 체제를 재확인하여 재발을 방지한다. 동시에 당사 제품의 안전성을 고객에게 널리 알려쓸데없는 억측을 방지한다.

시장의 관점	경쟁사의 관점	유통 채널의 관점	자사의 관점
고객에게는 불량품 사태의 원인이 유통 채널의 관리에 있는지, 상품에 있는지는 중요하지 않다. 당사 상품에 대한 고객의 불신감이 커져 당사 상품의 고객 이탈이 진행되고 있다.	경쟁사는 LX-20의 판매 부진 기회를 틈타 LX-20의 유사 상품을 연달아 시장에 내놓으며 판매 공세를 적극적으로 펼치고 있다.	편의점 등 대형판매점 외의 다른 유통 채널들이 LX-20을 취급하는 데 신중해졌다. 또한 그런 경향은 당사의 다른 상품에도 영향을 미치고 있다.	매출의 60퍼센트를 차지하는 핵심 상품 LX-20의 불량품 발생 사고가 대형판매점에서 일어난 후 다른 유통 채널에서도, 그리고 타 상품에 대해서도 불안의 목소리가 쇄도하고 있다. 실제로 상품, 유통 채널 할 것 없이 매출이 하락하고 있다.

● 방법 병렬형

과제

당사는 모든 유통 채널의
관리 체제 재확인과 고객
에 대한 안전성 홍보를 어
떻게 추진할 것인가?

결 론

유통 채널의 관리 체제 재확인과 고객에 대한 안전성
홍보를 당사와 유통 채널이 공동 체제를 구축해 함께
활동을 전개한다.

모든 유통 채널의 관리 체제를
재확인하는 대책

당사가 유통 채널을 감찰하는 방식이
아니라 품질 관리의 향상을 목적으로
당사와 유통 채널이 공동 프로젝트를
구성한다. 그리고 1개월 이내에 진단
과 개선책을 추출한다.

안전성을 고객에게
알리기 위한 대책

당사와 유통 채널이 공동 체제로 각
매장에서 품질 보증 캠페인을 실시
하고 신문과 잡지에 공동으로 광고
를 게재한다.

경우에도 쌍방의 논점 차이를 정리하기 쉽다.

한편 '구체적으로 어떻게 진행할 것인가'라는 과제는 '유통 채널의 관리 체제 재확인과 고객에 대한 안전성 홍보를 당사와 유통 채널이 공동 체제를 구축해 함께 활동을 전개한다'는 결론을 서술하고 병렬형으로 구체적 방법을 제시해 설명했다. 상대는 이로써 전달자가 주장하는 불량품 대처 방안을 채택하는 경우에 어떤 방식이 될지 전체적으로 파악할 수 있다.

해설형+병렬형은 전체 방향성에 대해 답변의 타당성을 설득하는 데 주안점을 두는 경우에 효과가 크다. 이를테면 지금 단계에서 새로운 영업 전략의 전체 방향성을 상대와 확실하게 합의해야 하거나 새로운 전략이 탁상공론에 그치지 않고 실현 가능성이 있다는 의미에서 구체적인 대책을 단적으로 제안할 때 적용할 수 있다. 혹은 상대의 관심이 전략의 방향성에 있어서 구체적인 대책은 제외하고 전체상만 파악하고자 할 때 적용할 수 있다.

병렬형 + 해설형(도표 7-6, 도표 7-7)

'무엇을 해야 하는가'라는 과제는 병렬형을, '그러려면 구체적으로 어떻게 진행할 것인가'라는 과제는 해설형을 이용하는 조합이다. 즉, [도표 7-4]와 반대 순서로 조합한 유형이다.

불량품 발생의 사례에 병렬형+해설형을 적용한 [도표 7-7]을 보면 '불량품 발생 사태에 어떻게 대처할 것인가'라는 과제에 대해 4C의 각 관점에서 MECE 근거를 들어 설명했다.

근거 병렬형 + 방법 해설형

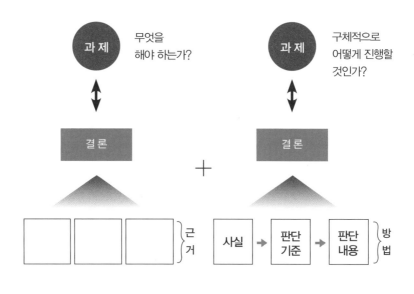

'구체적으로 어떻게 진행할 것인가'라는 과제에는 우선 생각할 수 있는 여러 대응 방안을 제시하고 나서 두 가지 선택 기준을 보여주었다. 바로 '시장에서 제조사로서의 책임을 완수하면 고객은 이를 호의적으로 받아들일 수 있고, 유통 채널과는 이번 불상사를 계기로 관계를 한층 더 강화할 수 있다'이다. 그리고 이 기준으로 처음에 거론한 대응책을 평가해 '당사와 유통 채널의 공동 체제로 추진한다'는 결론이 나오는 흐름으로 설명했다.

병렬형+해설형을 사용할 때는 전체 방향성에 대해 이미 상대와 합

● 근거 병렬형

과 제

당사는 대형판매점의 관리 부실로 일어난 핵심 상품 LX-20의 불량품 사태에 어떻게 대처할 것인가?

결 론

시장, 경쟁사, 유통 채널, 자사에 미치는 영향을 고려해 모든 유통 채널의 관리 체제를 재확인하고 고객에게 안전성을 널리 홍보한다.

시장의 관점	경쟁사의 관점	유통 채널의 관점	자사의 관점
고객 입장에서나 사회에서는 유통 채널의 관리 부실과 당사 제품의 품질 불량이 같은 의미다. 채널과 상관없이 당사 상품에 대한 불신감이 고조될 우려가 높다.	경쟁사에게는 LX-20 불량품 발생이 알맞은 공격소재다. 당사의 고객층을 빼앗길 우려가 크다.	대형판매점에서 일어난 사고로 다른 유통 채널이 당사 상품의 관리에 불안을 느껴 취급하는 데 소극적이 될 우려가 있다.	LX-20뿐만 아니라 당사 제품에 있어 안전성과 신뢰성은 생명선이다. 특정 유통 채널의 판매 관리 측면에서 사고를 수습하면 다른 유통 채널과 상품에 악영향을 미칠 수 있다.

● 방법 해설형

과제

당사는 모든 유통 채널의 관리 체제 재확인과 고객에 대한 안전성 홍보를 어떻게 진행해야 하는가?

결론

각 유통 채널의 관리 체제 재확인과 안전성 홍보는 시장에서 고객에게 호의적으로 받아들여질 거라는 점, 또한 유통 채널과의 관계를 한층 강화할 수 있다는 점에서 당사와 유통 채널이 공동 체제로 추진한다.

사실	판단 기준	판단 내용
모든 유통 채널의 관리 체제 재확인 및 고객에게 당사 제품의 안전성을 널리 홍보하는 두 가지 활동을 추진하기 위해 네 가지 방법을 생각할 수 있다. ① 두 가지 활동 모두 당사가 주체가 돼 진행한다. ② 두 가지 활동 모두 유통 채널에 일임해서 진행하도록 한다. ③ 두 가지 활동 모두 당사와 유통 채널이 공동 체제로 진행한다. ④ 두 가지 활동을 당사와 유통 채널이 분담해서 각각 진행한다.	다음의 두 가지 관점에서 대응책을 생각한다. A 제조사로서의 책임을 완수하면 시장에서 고객에게 호의적으로 받아들여질 수 있다. B 이번 불상사 대응에만 그치지 않고 지속적으로 유통 채널과 협력 관계를 강화해 나갈 수 있다.	① 불량품 사태의 직접적인 원인은 유통 채널에 있기 때문에 유통 채널이 적극적으로 관여하지 않으면 제조사로 유통 채널 관리 면에서 A와 관련해 부정적인 인상을 준다. 또한 B는 기대할 수 없다. ② A와 관련해 제조사의 책임 포기로 받아들여질 가능성이 높다. B도 유통 채널에게 부담감이 커서 나중에 문제가 될 수 있다. ③ A와 관련해서는 유통 채널과 당사가 공동으로 대책을 실행하므로 납득하고 받아들여질 것이다. B도 협력 과정에서 앞으로의 거래에서 개선점과 새로운 기회를 찾아낼 수 있다. ④ A와 관련해서는 두 가지 활동 전체 가운데에 일관성과 정합성을 찾기 어려울 가능성이 있다. B에 대해서도 효과는 한정적이다. 따라서 ③이 바람직하다.

의가 형성됐거나, 옳고 그름을 논의할 여지없이 확인만 하면 되는 상황이 전제돼야 한다. 현 관점에서는 어떤 방법을 선택하느냐가 가장 중요한 과제고, 전달자의 생각을 확실히 명시해 해당 방법의 타당성을 설득하고자 할 경우에 효과가 있다. 즉, 병렬형+해설형은 새로운 영업 전략의 전체 방향성이 이미 상대와 합의가 된 상태에서 구체적인 전략 방안으로서 무엇이 좋은가에 주안점을 두고 설득할 때 적합하다.

해설형 + 해설형(도표 7-8, 도표 7-9)

'무엇을 해야 하는가', '그러려면 구체적으로 어떻게 진행할 것인가'라는 과제 모두에 해설형을 이용하는 조합이다.

[도표 7-9]를 살펴보면 '불량품 발생 사태에 어떻게 대처할 것인가'라는 과제에 우선 당사가 처한 상황, 불량품 발생 대처에 대한 기본 자세를 언급한 뒤에 어떤 대처법이 좋은지 판단하는 흐름으로 결론을 설명했다. 그러고 나서 '구체적으로 어떻게 진행할 것인가'라는 과제에 대응 방안을 제시하고, 다음으로는 전달자의 선택 기준을 서술하고 그 기준에서 방안을 평가하면 어떤 방법이 바람직한지로 이어지는 흐름으로 결론을 설명했다.

해설형 두 가지를 조합한 논리 유형은 전달자의 의사를 부각시키면서 왜 이 결론에 이르렀는지를 설명하는 것이 특징이다. 따라서 전달자의 의견을 차분하게 듣거나 읽고 싶어 하는 상대에게 적합하다.

그런데 두 가지 과제에 대해 '애초에 나(전달자)는 이런 상황에서 이런 기본적 사고를 갖고 있으며 따라서 이렇게 판단했다'는 설명을 반복하

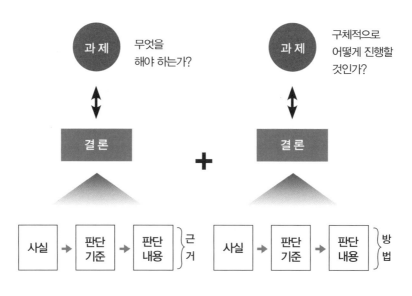

근거 해설형 + 방법 해설형

과 제 — 무엇을 해야 하는가?

과 제 — 구체적으로 어떻게 진행할 것인가?

결 론

결 론

+

사실 → 판단 기준 → 판단 내용 } 근거

사실 → 판단 기준 → 판단 내용 } 방법

면 상대에게는 양적으로나 질적으로나 상당히 부담스러운 커뮤니케이션이 된다. 마치 소화불량에 걸린 것처럼 결론을 납득하지 못하고 내용 자체에 회의적으로 느낄 수도 있다.

해설형+해설형의 조합이 필요하다고 판단되면 한 번의 커뮤니케이션으로 두 가지 과제에 답변하는 방법이 정말로 효과적인지를 반드시 생각해보길 바란다. 특히 상대가 다른 의견을 갖고 있는 것이 분명하다면, 커뮤니케이션을 두 번으로 나눠서 먼저 첫 번째 과제를 상대에게 이해시키고 나서 두 번째 과제에 답변하는 커뮤니케이션 방법이 바람직하다.

● 근거 해설형

과제

당사는 대형판매점의 관리 부실로 일어난 핵심 상품 LX-20의 불량품 발생 사태에 어떻게 대처할 것인가?

결론

당사는 핵심 상품의 불량품 발생이 회사 전체에 미칠 악영향을 최소화한다는 관점에서 모든 유통 채널의 관리 체제를 재확인하고 고객에게 안전성을 널리 홍보한다.

사실	판단 기준	판단 내용
대형판매점의 관리 부실이 초래하는 영향은 LX-20의 판매 부진에 그치지 않고 다른 유통 채널과 다른 상품에까지 고객과 유통 채널의 불안감이 확산되고 있다.	LX-20이 당사의 핵심 상품이라는 점을 고려하면 유통 채널과 상품뿐만 아니라 회사 전체에 미칠 악영향을 최소화하는 관점에서 대처해야 한다.	당사는 대형판매점뿐만 아니라 모든 유통 채널의 전 상품에 대해서 상품 관리 및 판매 체제를 재확인하여 재발을 방지한다. 동시에 당사 제품의 안전성을 고객에게 널리 알려 쓸데없는 억측을 방지한다.

시장의 관점	경쟁사의 관점	유통 채널의 관점	자사의 관점
고객에게는 불량품 사태의 원인이 유통 채널의 관리에 있는지 상품에 있는지가 중요하지 않다. 당사 상품에 대한 고객의 불신감이 커져 당사 상품의 고객 이탈이 진행되고 있다.	경쟁사는 LX-20의 판매 부진 기회를 틈타 LX-20의 유사 상품을 연달아 시장에 내놓으며 판매 공세를 적극적으로 펼치고 있다.	편의점 등 대형판매점 외의 다른 유통 채널들이 LX-20을 취급하는 데 신중해졌다. 또한 그런 경향은 당사의 다른 상품에도 영향을 미치고 있다.	매출의 60퍼센트를 차지하는 핵심 상품 LX-20의 불량품 발생 사고가 대형판매점에서 일어난 후 다른 유통 채널에서도, 그리고 타 상품에 대해서도 불안의 목소리가 쇄도하고 있다. 실제로 상품, 유통 채널 할 것 없이 매출이 하락하고 있다.

● 방법 해설형

과 제

당사는 모든 유통 채널의 관리 체제 재확인과 고객에 대한 안전성 홍보를 어떻게 진행해야 하는가?

결 론

각 유통 채널의 관리 체제 재확인과 안전성 홍보는 시장에서 고객에게 호의적으로 받아들여질 거라는 점, 또한 유통 채널과의 관계를 한층 강화할 수 있다는 점에서 당사와 유통 채널이 공동 체제로 추진한다.

사실	판단 기준	판단 내용
모든 유통 채널의 관리 체제 재확인 및 고객에게 당사 제품의 안전성을 널리 홍보하는 두 가지 활동을 추진하기 위해 네 가지 방법을 생각할 수 있다. ① 두 가지 활동 모두 당사가 주체가 돼 진행한다. ② 두 가지 활동 모두 유통 채널에 일임해서 진행하도록 한다. ③ 두 가지 활동 모두 당사와 유통 채널이 공동 체제로 진행한다. ④ 두 가지 활동을 당사와 유통 채널이 분담해서 각각 진행한다.	다음의 두 가지 관점에서 대응책을 생각한다. A 제조사로서의 책임을 완수하면 시장에서 고객에게 호의적으로 받아들여질 수 있다. B 이번 불상사 대응에만 그치지 않고 지속적으로 유통 채널과 협력 관계를 강화해 나갈 수 있다.	① 불량품 사태의 직접적인 원인은 유통 채널에 있기 때문에 유통 채널이 적극적으로 관여하지 않으면 제조사로 유통 채널 관리 면에서 A와 관련해 부정적인 인상을 준다. 또한 B는 기대할 수 없다. ② A와 관련해 제조사의 책임 포기로 받아들여질 가능성이 높다. B도 유통 채널에게 부담감이 커서 나중에 문제가 될 수 있다. ③ A와 관련해서는 유통 채널과 당사가 공동으로 대책을 실행하므로 납득하고 받아들여질 것이다. B도 협력 과정에서 앞으로의 거래에서 개선점과 새로운 기회를 찾아낼 수 있다. ④ A와 관련해서는 두 가지 활동 전체 가운데에 일관성과 정합성을 찾기 어려울 가능성이 있다. B에 대해서도 효과는 한정적이다. 따라서 ③이 바람직하다.

답변해야 할 과제가 몇 개인지
서로 확인하라

비즈니스에 종사하는 사람들의 말을 듣다 보면 지시를 내리는 측이나 지시받는 측이나 모두 답변을 듣고 싶은 과제가 몇 개 있는지, 답변할 과제가 몇 개 있는지 서로 확인하지 않는 것 같다.

지시하는 상사도 보고하는 부하도 'X사에 대한 ○○ 판매 확대에 대해'라는 막연한 형태로 커뮤니케이션을 한 뒤에 어쨌든 과제를 공유했다고 믿고 있는 경우가 많다. 사실 상사는 'X사에 대한 ○○ 판매 확대의 기본 방침'과 '이번 4분기의 구체적인 판매 확대 계획'이라는 두 가지 구체론을 원한다고 가정하자. 그런데 만일 상사가 그 일을 지시할 때 확실히 전달하지 않으면 어떻게 될까. 부하는 구체적인 판매 확대 계획은 조목조목 보고하겠지만 전체적으로는 어떤 생각으로 개개의 대책을 강구할지 명확히 하지 않을 것이다. 결국 상사 입장에서는 대책에 일관성이 없어 보이고 전혀 전체상을 파악할 수 없으니 부하에게 답변을 새로 수정하라고 지시할 수밖에 없다.

누구나 이와 비슷한 경험을 한 적이 있을 것이다. 업무를 비효율적으로 반복하는 일을 피하려면 반드시 지시하는 사람이 과제의 개수를 분명히 해야 한다. "X사에 대한 ○○ 판매 확대에 대해서 생각해보게."라고 두루뭉술하게 지시하지 말고 "X사에 대한 ○○ 판매 확대의 기본 방침과 이번 4분기의 구체적인 판매 확대 계획, 이렇게 두 가지를 보고하게."라고 명확하게 지시하라. 그리고 상사에게 지시를 받는 사람도 막연하게 지시를 받았다면 반드시 "과제는 X사에 대한 ○○ 판매 확대의 기본 방침과 구체적인 전략, 이렇게 두 가지군요." 하고 확인하자.

2. 논리 FAQ

병렬형과 해설형 논리 유형은 무척 간단한 수단이지만 익숙해지려면 일상적인 업무를 통해 꾸준히 연습할 필요가 있다. 커뮤니케이션 트레이닝 세미나 참가자들이 자주 하는 질문을 정리했으니 참고하며 연습하도록 하자.

[도표 7-10] 허점이 있는 논리의 사례 1

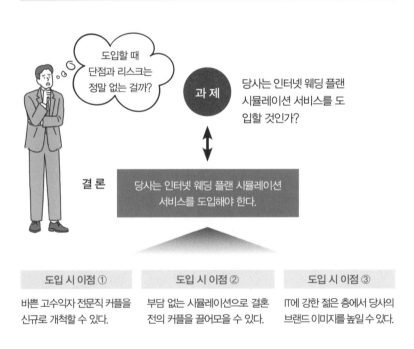

논리 유형은 결국 자신에게 유리한 정보만 보여주면서 상대를 설득하는 것이 아닌가요?

커뮤니케이션의 논리는 결론을 상대에게 이해시키기 위한 것이다. 따라서 논리 전체가 결론을 이끄는 데 유리하지 않으면 의미가 없다.

　예를 들어, 새로운 시책의 도입 여부를 결정하는 과제에서 결론을 설명하는 상황을 가정해보자. 이 세상에서 이루어지는 커뮤니케이션의 대부분은 [도표 7-10]과 같은 논리로 전개된다. 이때 전달자가 도입하는 것이 좋다고 생각하는 시책 '인터넷 웨딩 플랜 시뮬레이션'의 이

[도표 7-11] 허점이 있는 논리의 사례 2

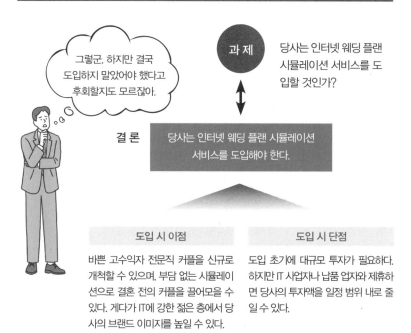

그렇군. 하지만 결국 도입하지 말았어야 했다고 후회할지도 모르잖아.

과제 당사는 인터넷 웨딩 플랜 시뮬레이션 서비스를 도입할 것인가?

결론 당사는 인터넷 웨딩 플랜 시뮬레이션 서비스를 도입해야 한다.

도입 시 이점
바쁜 고수익자 전문직 커플을 신규로 개척할 수 있으며, 부담 없는 시뮬레이션으로 결혼 전의 커플을 끌어모을 수 있다. 게다가 IT에 강한 젊은 층에서 당사의 브랜드 이미지를 높일 수 있다.

도입 시 단점
도입 초기에 대규모 투자가 필요하다. 하지만 IT 사업자나 납품 업자와 제휴하면 당사의 투자액을 일정 범위 내로 줄일 수 있다.

점만을 열거한다면 어떤 일이 생길까. 아마도 상대는 '정말로 이점밖에 없을까? 실은 단점과 리스크도 있는 게 아닐까?'라고 여길 것이다.

한편 [도표 7-11]과 같은 논리를 펼친다면 어떨까. 분명 [도표 7-10]보다 설득력은 있지만 만약 상대가 인터넷 웨딩 플랜 시뮬레이션 도입에 반대하는 입장이라면 어떻겠는가. 그 사람은 '인터넷 웨딩 플랜 시뮬레이션을 애초에 도입하지 않으면 어떻게 될까? 도입하지 않는 편이 결과적으로 좋았다고 판단할 수도 있지 않을까?'라고 생각할 가능성이 많다. 이런 상대를 설득하려면 시야를 넓혀 [도표 7-12]처럼 시책을 도입하지 않을 경우까지 다뤄야 한다. 결론의 직접적 근거를 '도입할 때의 이점과 단점'과 '도입하지 않을 때의 이점과 단점'의 두 가지 MECE 기준으로 준비하는 것이다. 물론 논리적으로 이끌어낸 결론인 이상, 인터넷 웨딩 플랜 시뮬레이션을 '도입할 경우의 이점이 단점보다 크다', '도입하지 않을 경우의 단점이 이점보다 크다'라고 So What?돼야 한다.

다만 이것은 '커뮤니케이션을 위한 논리'라는 점이 중요하다. 즉, 커뮤니케이션 상대가 인터넷 웨딩 플랜 시뮬레이션의 이점만으로 납득한다면 [도표 7-10]으로도 충분하고, 기껏해야 도입할 때의 단점까지밖에 의식하지 않는다면 [도표 7-11]로도 괜찮다. 되풀이해서 말하지만, 비즈니스 커뮤니케이션에서는 상대가 결론을 납득하고 전달자가 기대한 대로 반응을 보여주면 된다. 이 과정에서 억지로 많은 정보를 준다고 해서 상대가 이해하고 납득하는 데 도움되는 것은 아니다. 다만 상대가 지금은 의식하지 못해도 머지않아 논리의 허점을 알아차릴 것으로 예상되면 [도표 7-12]처럼 근거를 폭넓게 제시해야 한다.

[도표 7-12] 근거로 시야를 넓힌 논리의 사례

과 제 — 당사는 인터넷 웨딩 플랜 시뮬레이션 서비스를 도입할 것인가?

결 론 — 당사는 인터넷 웨딩 플랜 시뮬레이션 서비스를 도입해야 한다.

도입할 경우의 이점과 단점	도입하지 않을 경우의 이점과 단점
인터넷 웨딩 플랜 시뮬레이션 서비스에 착수하려면 초기에 대규모 투자가 필요하다. 하지만 새로운 고객층의 확보, 잠재 고객의 조기 모집, 그리고 당사의 브랜드 이미지 향상을 예상할 수 있다.	인터넷 웨딩 플랜 시뮬레이션 서비스에 착수하지 않으면 초기의 투자 부담은 피할 수 있다. 그러나 매년 감소하는 결혼 잠재 고객과 직접 연결되는 온라인 환경을 갖추지 못한 데 따른 리스크를 짐작할 수 없다.

이점	단점	이점	단점
바쁜 고수익자 전문직 커플을 신규로 개척할 수 있으며, 부담 없는 시뮬레이션으로 결혼 전의 커플을 끌어모을 수 있다. 게다가 IT에 강한 젊은 층에서 당사의 브랜드 이미지를 높일 수 있다.	도입 초기에 대규모 투자가 필요하다. 하지만 IT 사업자나 납품 업자와 제휴하면 당사의 투자액을 일정 범위 내로 줄일 수 있다.	도입하지 않으면 초기 자금을 투자할 필요가 없어져 재무 면에서 부담이 없다.	이 서비스에 주력해 고객 정보를 축적하고 데이터베이스 마케팅으로 효과를 높이고 있는 경쟁사에게 크게 뒤처질 염려가 있다.

제7장 논리 유형을 활용한다   **245**

'논리의 구조'와 '메시지의 전달 순서'는 엄연히 다르다. 그리고 상대에게 답변을 전달할 때는 효과를 고려해 근거부터 전할 수도 있다.

"우리 회사 같은 분위기에서는 결론부터 먼저 전하는 커뮤니케이션을 받아들이기 힘들지." "상대가 자신과는 의견이 다르다고 생각되는데 결론을 먼저 꺼내면 반발을 사게 되어 커뮤니케이션 목적을 달성하는 데 오히려 역효과만 나는 게 아닐까?" 필자는 주변에서 이런 의견들을 자주 듣는데 이것은 맞는 말이다.

논리 구조는 어디까지나 구조로서, 과제의 답변 가운데 가장 중요한 결론이 이외의 요소와 어떤 관계로 엮여 있는지를 명시하는 것이다. 그래서 논리 구조와 실제 커뮤니케이션에서의 메시지 전달 순서는 다르다.

물론 비즈니스에서는 대부분 '결론 → 근거'의 순서를 기본으로 커뮤니케이션을 해야 한다. 가장 중요한 결론을 맨 마지막에 언급했는데도 상대의 관심과 흥미가 지속되는 것은 상대가 과제에 대해 아주 높은 관심을 갖고 있을 때뿐이다.

그런데 커뮤니케이션에서는 당연히 '근거 → 결론'의 순서로 메시지가 전달되기도 한다. 상대가 전달자와는 다른 결론을 지지하고 있어 갑자기 결론부터 꺼내면 거부 반응이 클 것 같다거나, 상대가 스스로 결론에 이르도록 유도하려고 전달자가 근거를 하나하나 설명하며 상대의 이해를 얻어 결론에 다다르는 경우가 그렇다.

또한 메시지를 전달할 때는 결론과 근거의 순서 외에 반드시 짚어야 할 점이 있다. 무엇보다 과제와 전달자가 상대에게 기대하는 반응을 알려주어야 한다는 것이다.

거듭 강조하는데, 제1장에서 상세히 설명했듯 커뮤니케이션에서 전달해야 할 모든 요소는 다음 세 가지다.

- 과제
- 상대에게 기대하는 반응
- 과제에 대한 답변

프레젠테이션 예행연습을 해보면 발표자가 느닷없이 과제에 대한 답변, 즉 본론부터 꺼내는 일이 의외로 많다. 그러면 듣는 사람으로서는 발표자가 무엇 때문에 뭘 이야기하려는 건지 전혀 알지 못한 채 본주제를 마주하고 당황하게 된다.

프레젠테이션을 할 때는 반드시 본주제 앞에 도입부를 제대로 만들어야 한다. 그러나 연습을 해보면 대부분의 사람들이 "오늘 귀중한 시간을 내주셔서 감사합니다. 저희 회사 제품 F에 대해 설명드리겠습니다." 식의 인사로 일관한다. 이래서는 주제가 제품 F라는 신기종의 정보 제공인지, 아니면 제품 F의 애프터서비스에 관한 정보 제공인지 상대는 짐작조차 할 수 없다.

그러므로 전달자라면 맨 처음에는 과제와 상대에게 기대하는 반응을 전함으로써 커뮤니케이션의 목적을 확실히 제시하고 답변이라는 본주제로 들어가자. 답변하는 방법은 [도표 7-13]에서처럼 결론과 근거

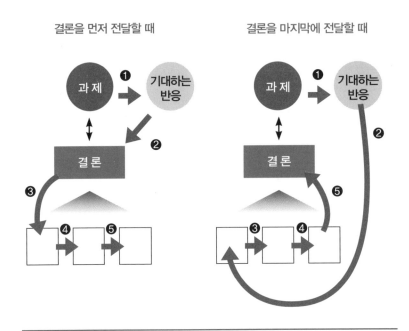

결론을 먼저 전달할 때   결론을 마지막에 전달할 때

중에서 무엇을 먼저 전달할지에 따라 두 가지로 나뉜다.

특히 '근거 → 결론'의 순서로 답변을 전달할 경우에는 먼저 과제와 상대에게 기대하는 반응을 전하고 커뮤니케이션의 목적을 밝히는 것이 중요하다. 아무리 성격이 느긋한 사람이라도 커뮤니케이션 목적을 모른 채 장황한 근거를 듣고 있으면 중요한 결론에 이르기 전에 조바심을 내기 마련이다. 그러다 보면 전달자는 논리 구조의 요소를 전부 상대에게 전달하지 못할 가능성이 높다.

Q3 최근 보고서를 작성하면서 검토나 분석을 제시할 때 시계열(時系列)을 적용했습니다. 그 편이 보고서를 읽는 사람이 제가 낸 결론에 이르는 근거를 이해하기 쉬울 거라고 생각했지만, 상사에게 "결국 무슨 말을 하고 싶은 건가?"라는 말을 들었습니다.

당신은 자신의 사고와 검토 과정을 상대도 똑같이 따라오게 한 건 아닌가? 상대를 설득하기 위한 논리는 사고나 검토 과정과는 다르다.

필자는 오랜 세월 에디팅 서비스를 해왔다. 에디팅은 전달자의 메시지가 전달자의 의도대로 상대에게 전해지도록 논리적이고 설득력 있는 구성과 논리를 명시할 때, 더욱 이해하기 쉬운 표현을 조언하거나 대안을 제시하는 것이다. 에디팅의 대상은 문서로 전달하는 커뮤니케이션과 구두로 전달하는 커뮤니케이션이 있는데, 그중 문서로는 고객 기업에 제시하는 보고서나 제안서, 비즈니스 레터부터 잡지 기사나 서적을 위한 원고, 고객의 사내 문서까지 다양한 종류가 있다.

그런 문서들 가운데서 읽는 사람이 가장 이해하기 어려운 전형적인 유형이 바로 전달자가 자신의 사고 과정이나 작업 경과를 그대로 쭉 써 내려간 글이다. 이런 문서는 일반적으로 문장이든 도표든 원고 분량이 많은 정도를 넘어 방대하기 이를 데 없다.

가령 "서비스 G의 가격 결정에 대해서 경쟁사와의 비교, 시장에서의 평가를 조사해보면… 당사 사업에서 문제가 되는 것은 가격 결정이 아니라 오히려 …가 아닐까 하는 점이 대두됐다. 당사로서는 이 문제를 생각하는 데 있어서… 또한 해외의 성공 사례를 보면… 한편으로 가격 결정에 대해서는 다음과 같은 개선을…." 하고 장황하게 설명이 계속되기도 한다.

이처럼 전달자가 과제를 검토할 때 겪은 우여곡절 과정과 사고를 상대까지 같이 더듬게 하면, 상대는 정보의 홍수 속에서 마치 소화불량에 걸린 듯한 상태에 이르게 된다. 이런 자료를 작성한다는 것은 한마디로 커뮤니케이션 마인드가 없다고 볼 수 있다. 커뮤니케이션의 목적은 결론을 상대에게 납득시키고 상대에게서 기대하는 반응을 얻는 데 있다. 문제를 해결할 때는 '각각의 데이터 분석 → 결론'이라는 검토 작업 과정에서 이끌어낸 재료를 '결론 → 근거(구체적으로는 분석 결과)'라는 논리 구성, 즉 제6장에서 소개한 병렬형과 해설형의 논리 유형에 적합하게 정리해야 상대가 이해하기 쉽다. 뿐만 아니라 검토 과정에서는 중요하다고 여겨졌던 정보가 결론이 나온 후에는 그다지 중요하지 않을 때도 종종 있기 때문에 상대를 설득하는 데 정말로 필요한 자료와 정보를 선별하는 것이 중요하다.

과제의 답변을 내기 위해서 검토하는 것과 답변을 상대에게 전달하는 것은 완전히 다르다. 전달자가 논리 없이 머릿속 정보를 떠오르는 대로 적다 보면 결국은 이해하기 어려운 문서가 만들어진다. 이런 방식으로는 좋은 커뮤니케이션 성과를 기대할 수 없다. 비록 시간이 걸리겠지만 커뮤니케이션의 목적을 달성하려면 반드시 자신의 의사를 제대로 전달하는 논리를 구성해야 한다.

Q4 병렬형으로 작성할 때 어떤 발상으로 MECE 기준을 정하면 좋을까요?

반드시 과제에 실마리가 있다. 우선은 무엇에 대해 논리를 구성할지부터 확인한 다음에 어떤 기준을 사용할지 생각해보자.

필자의 커뮤니케이션 트레이닝 세미나에서 참가자들은 병렬형 논리를 연습할 때 "어떻게 이 MECE 기준을 생각해내셨어요? 저는 눈치 채지 못했는데."라는 말을 자주 한다. 이 질문에 대한 대답은 제3장에 제시했던 기본적인 MECE의 기준을 기억해두는 것이다.

예를 들어, '우리 부서와 거래하는 고객의 전체상'을 갓 입사한 신입사원에게 알기 쉽게 설명하고자 한다면 다음과 같은 기준을 떠올릴 수 있다.

- 우리 부서의 고객 전체를 법인 고객과 개인 고객으로 나눈다.
- 우리 부서의 고객 전체를 거래 기간에 따라 나눈다.
- 우리 부서의 고객 전체를 거래 규모(금액)로 나눈다.

그리고 논리 구성을 할 때는 항상 과제를 정확히 확인하자. 답변해야 할 과제에 따라 사용할 MECE 기준을 가늠할 수 있기 때문이다.

Q5 해설형의 사실에는 정말로 사실만 넣어야 하나요?

해설형의 사실은 상대적인 것일 뿐 반드시 절대적인 것이 아니다. 제6장에서 설명했듯이 해설형에서는 '사실 → 판단 기준 → 판단 내용'의 흐름으로 결론을 뒷받침한다. 이 경우에 사실은 일차적으로 객관적인 사실이나 현상이지만, 넓은 의미로는 상대와 합의된 사항이면 된다.

이를테면 '당 사업부의 과제', '당 부서의 사고방식' 등, 일종의 주관적 요소라도 이미 상대와 공유되고 합의가 이루어진 내용이라면 해설형의 사실 요소로 사용해도 된다.

Q6 해설형은 기승전결의 '결'을 맨 먼저 꺼냈을 뿐이라고 생각합니다. 해설형과 기승전결의 차이는 무엇인가요?

기승전결에서는 기起, 승承, 전轉의 내용이 규정돼 있지 않다. 객관적이든 주관적이든 좋다는 의미다. 또한 전轉이 '결, 기, 승'과 어떤 관계인지도 상당히 애매하다. 이런 점에서 기승전결은 해설형과 다르다.

일반적으로 어떤 일이나 사항을 정리하는 구성법으로 가장 많이 사용되는 방법이 바로 기승전결일 것이다. 최근에는 잘 모르겠지만 필자는 학창 시절 글쓰기 수업에서 기승전결에 따라 글을 써야 한다고 배웠다. 그리고 아쉽게도 이외의 다른 구성법을 배운 기억이 없다.

그만큼 수많은 사람들에게 기승전결은 상당히 익숙할 것이다. 하지만 기승전결은 비즈니스에서 논리적 커뮤니케이션 도구로서 충분한 역할을 하고 있다고 말하기 어렵다.

기승전결이 논리로서 가장 취약한 부분은 '전'이나. '기'에서 '승'으로 이어지던 흐름이 갑자기 '전'에서 다른 방향으로 비약된다. 가령 에세이와 같은 창작문이라면 풍부한 착상의 발현으로 오히려 내용에 깊이를 더하겠지만 논리성을 추구하는 글에서는 매우 부자연스럽다.

또한 해설형이 논지의 기점을 사실로 규정하는 데 비해, 기승전결의 '기'는 내용의 객관성이나 주관성 여부를 전혀 상관하지 않는다는 차이점도 있다.

Q7 논리적으로 글을 쓰거나 말하기 위해서는 구체적으로 어떤 훈련을 하면 좋을까요?

필자는 보고서나 프레젠테이션 내용의 논리 구성에 대해 사람들에게 조언과 지도를 해오면서 논리적으로 메시지를 구성하는 능력은 훈련의 양에 비례해 향상된다고 확신하게 됐다. 실제로 이 책에서 소개한 기법은 훈련을 거치면 누구나 활용할 수 있다. 성과를 내는 데도 재현성이 있다는 점에서 로지컬 커뮤니케이션의 역량은 '기술'이다. 그런데 기술은 익숙해지지 않으면 자유자재로 활용을 할 수 없다. 처음에는 어색하겠지만 논리 유형이라는 도구를 갖춰 계속 사용하면서 결론을 정점으로 여러 요소를 세로(So What?/Why So?)와 가로(MECE)의 법칙으로 구조화할 수 있도록 습관을 들이자.

그러기 위해서 추천하고 싶은 방법이 있다. 보고서나 프레젠테이션 내용을 구상할 때 그저 낱낱의 항목별로 나열하지 말고 이 책에서 소개한 논리 유형을 초안 형식으로 토대 삼아 가로와 세로의 관계를 시각화해서 확인하는 것이다. 각 요소의 종횡 관계를 시각화하면 정말로 세로로 So What?/Why So?고 가로로 MECE인지, 그리고 '사실 → 판단 기준 → 판단 내용' 흐름의 구성인지를 확인하기가 수월해진다.

이렇게 논리 유형의 틀 안에 요소를 정리하면 로지컬 커뮤니케이션의 전반부 단계인 논리 구성이 완성된다. 논리 구성이 완성되면 그다음에는 그 내용을 보고서로 작성하든 혹은 구두로 설명하든 구체적으로 표현해나가면 된다. 여기서는 논리적으로 쓰고 말하는 기술을 익혀야 한다.

어떻게 하면 이해하기 쉬운 보고서를 쓸 수 있을지, 어떻게 하면 이해하기 쉬운 프레젠테이션이 가능할지를 고민하는 사람들이 많을 것이다. 그런데 무엇보다 논리 구성 자체가 제대로 완성되지 않으면 아무리 표현을 연구한들 논리적으로 쉽게 이해할 수 있는 커뮤니케이션이 이루어지지 않는다. 당신도 그런 고민을 하고 있다면 꼭 논리 유형을 사용해 초안을 작성하는 훈련 방법을 시도해보길 바란다.

/ 1 /
정보를 논리 유형으로 알기 쉽게 구성하자

● 예 제 ●

당신은 알파식품(주)이 한 달 전에 시작한 음식 배달 서비스 사업부의 마케팅 과장이다. 서비스에 대한 고객의 의견을 모아 앞으로의 사업 운용에 활용하려고 최근 한 달간 이 서비스를 자주 이용한 사람들에게 전화를 걸어 설문조사를 실시했다.

조사 대상자인 A씨가 대답한 내용은 다음과 같다. 칭찬은 제외하고 A씨가 지적한 불만 사항만 내부에 공유하기로 하고 논리 유형을 사용해 알기 쉽게 정리해보자.

A씨의 이야기

귀사의 배달 메뉴는 모두 무척 맛이 좋고 정성이 깃들어 있어 마음에 듭니다. 가격까지 합리적이라 저는 일주일에 세 번쯤 주문해 먹습니다. 아직 한 달 정도밖에 안 된 배달 서비스지만, 굳이 불만을 말한다면 배달 시간을 지적하고 싶습니다.

한번은 회의 때 고객과 점심 식사를 같이하려고 12시에 배달해달라고 부탁했는데 30분이나 늦게 가져왔더군요. 하지만 그렇게 늦게 배달해주면 비즈니스 런치로는 이용할 수가 없습니다. 게다가 뚜껑을 열어보니 밥이 용기 한쪽으로 쏠려 있고 나머지 절반은 비어 있었어요. 영 보기가 안 좋았습니다. 운반 중에 많이 흔들렸나 봅니다.

또 하나 신경 쓰이는 점은 전화로 주문할 때 주문 내용이 바로 전달되지 않는다는 점입니다. "한 개가 아니고 두 개입니다."라든지 "대짜가 아니라 소짜입니다."라고 몇 번이고 확인해줘야 했어요. '제대로 받아 적기는 하는 건가?' 하고 의문이 들더군요. 그리고 매번 음식의 양이 완전히 달라요. 약간 적다 싶은 날도 있었고, 한번은 부하가 "제 치킨 카레에는 닭고기가 두 조각밖에 들어 있지 않은데 왜 과장님 카레에는 네 개나 들어 있죠?" 하고 말한 적도 있어요.

맛은 무척 좋으니 주문 시스템이 개선되기만 한다면 불만은 없습니다. 그럼 앞으로도 기대하겠습니다.

사고방식과 해답 사례

1단계. 과제를 확인하고 활용할 논리 유형을 결정한다

과제는 'A씨는 당사의 음식 배달 서비스 사업의 어떤 점에 불만을 갖고 있는가?'다. 따라서 A씨가 느낀 불만의 요점을 정리하면 된다. 전달자의 판단을 요하는 과제가 아니기 때문에 병렬형 논리 유형을 사용하면 된다.

2단계. A씨의 이야기를 그룹핑하고 MECE의 근거 관점을 찾는다

A씨의 전체 이야기를 잘 읽고 순서에 상관없이 생각해보면 배달 시간의 지연, 전화 주문을 받는 방식, 음식의 양 등 불만들은 수주, 조리, 배달이라는 주문 시스템의 흐름에서 MECE가 가능해 보인다. 정리할 내용은 A씨의 불만이므로 맛이 좋다든가 가격이 합리적이라는 장점은 제외하고 생각한다.

3단계. 배달 서비스 시스템의 각 단계마다 이야기의 내용을 So What?한다

수주, 조리, 배달의 각 단계마다 A씨의 불만을 관찰의 So What?한다. 불필요한 수식어는 생략하고 간결하게 요점을 추출한다. So What?한 것을 Why So?의 관점에서 재검토해서 분명히 A씨의 이야기에서 알 수 있는 내용으로 정리돼 있는지 확인한다.

4단계. 결론을 So What?하고 Why So?로 확인한다

수주, 조리, 배달의 각 단계마다 So What?한 세 가지 불만을 과제의 답변이 되도록 다시 한번 So What?하고 병렬형 논리 유형으로 결론을

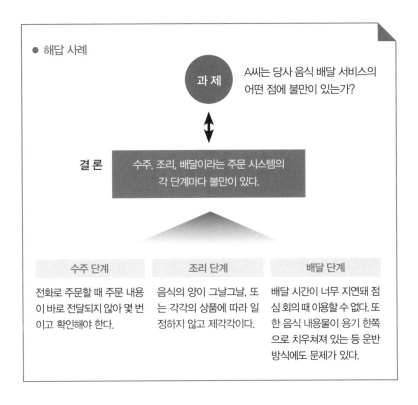

- 해답 사례

과제 — A씨는 당사 음식 배달 서비스의 어떤 점에 불만이 있는가?

결론 — 수주, 조리, 배달이라는 주문 시스템의 각 단계마다 불만이 있다.

수주 단계	조리 단계	배달 단계
전화로 주문할 때 주문 내용이 바로 전달되지 않아 몇 번이고 확인해야 한다.	음식의 양이 그날그날, 또는 각각의 상품에 따라 일정하지 않고 제각각이다.	배달 시간이 너무 지연돼 점심 회의 때 이용할 수 없다. 또한 음식 내용물이 용기 한쪽으로 치우쳐져 있는 등 운반 방식에도 문제가 있다.

이끈다. A씨는 다양한 사항을 지적했는데 결론을 So What?할 때는 그 결론에 수주, 조리, 배달이라는 근거의 기준이 들어 있으면 설명을 듣는 상대가 이해하기 더 쉽다. 그러고 나서 결론과 세 가지 근거 사이에 Why So?의 관계가 성립돼 있는지 확인한다.

문제 알파은행의 콜센터는 '우리는 당신의 파이낸셜 플래너'를 홍보 문구로 내걸고 고객 문의에 대한 응대뿐만 아니라 상품 판매에도 적극적으로 나서고 있다. 그런데 최근 인바운드 콜 고객에게서 불만의 소리가 쏟아지고 있다. 콜센터는 이에 대한 대책을 마련하기 위해 콜센터를 자주 이용하는 고객에게 직접 이야기를 듣고 구체적으로 어떤 사항에 불만을 느끼는지를 알아내 부서에 공유하기로 했다.

다음 글은 콜센터의 단골인 X씨가 지적한 불만 사항이다. 당신이 고객의 입장에서 인바운드 콜의 절차에 따라 불만 사항을 정리하는 업무를 맡았다고 가정하고, X씨의 논점을 어떻게 정리할 수 있는지 살펴보자.

X씨의 불만

저는 다양한 용무로 콜센터에 전화를 겁니다. 귀 은행의 콜센터에 몇 가지 불만이 있습니다.

문의 사항이 있어 전화를 걸면 전화가 바로 연결된 적이 없습니다. 일단 연결이 돼야 이야기를 할 텐데 말이죠. 기본적으로 회선이나 대응 인력이 너무 적은 게 아닌지요.

게다가 전화가 연결돼도 바로 상담 직원이 받는 게 아니라 컴퓨터가 지시하는 대로 여러 번 조작해야 합니다. 그런데 이 지시를 잘 이해하기가 힘들다 보니 최소 다섯 번은 조작해야 상담 직원에게 연결되더군요. 단순한 잔액 조회나 지점 위치 확인 같은 업무는 컴퓨터를 이용해 효율적으로 처리하고자 하는 의도겠지만, 사용자의 입장을 전혀 고려하지 않고 은행의 효율만을 우선으로 하는 방식이라고밖에 생각이 들지 않는군요.

그리고 최근에 은행 콜센터에서는 전화를 건 고객 문의에 응대만 하는 게 아니라고 들었습니다. 통화 중에 전화를 건 고객의 정보에 접속해서 고객에게 맞는 상품이나 서비스를 제안하는 일이 영업 전략이라고요. 하지만 저는 귀행의 상담 직원에게서 문의한 내용 이상의 제안을 받아본 적이 없습니다.

오히려 예전에 두 번 정도 "제 이력이 데이터베이스에 있을 테니 뭔가 제안을 해주세요."라고 요청한 적이 있어요. 첫 번째는 상담 직원에게 "죄송합니다. 아직 데이터베이스가 정비돼 있지 않아서 지금 단계에서는 제안드릴 수 없습니다."라는 답변을 들었습니다. 고객의 데이터베이스 정비는 콜센터의 '기본' 아닌가요? 너무 어이가 없어서 말이 안 나오더군요.

두 번째는 주택 구입 자금에 대해 상담하려고 전화를 걸었을 때입니다. "그럼 전화를 건 김에 제게 추천해주실 만한 상품은 어떤 게 있습니까?" 하고 물었더니 "현재 저희는 투자신탁 캠페인을 하고 있습니다."라는 대답이 돌아왔어요. 상담 직원이 진심으로 '당신의 파이낸셜 플래너'가 되겠다고 생각했다면 그런 발언은 하지 않았을 겁니다.

뭐, 제안이란 게 어려운 일이긴 하니까 백보 양보한다고 치고 가장 기본적인 건, 물어본 말에 정확히 대답하는 일이잖습니까? 가령 여기서 가장 가까운 지점이 어디 있는지를 물어봤다고 합시다. "○○ 지점입니다." 하고만 안내할 뿐 주소도 전화번호도 말해주지 않아요. "○○ 지점과 △△ 지점 중 어느 쪽이 가깝죠?" 하고 물으니 "비슷할 겁니다."라고 대답하더군요. 제게 교통수단을 묻는다거나 지점을 찾아가는 용건을 물어보지도 않고요. 당연히 지점의 위치를 묻는 것이 통화의 목적이 아니라 장소를 찾아가 무언가 용무를 보려고 하는 건데요. 고객의 본래 목적을 알아내서 그 목적에 맞춰 대답해주려는 의지가 조금도 느껴지지 않았습니다.

그리고 또 한 가지 언짢은 일은, 상품에 대해 문의를 하면 개별 상품에 대해서는 장황하게 설명하면서도 막상 "α와 β 중에서 어느 쪽이 좋을까요?" 하고 물으면 "그건 고객님의 목적과 니즈에 따라 다릅니다."라는 대답이 돌아옵니다.

물론 콕 집어서 대답하기 어렵다는 건 잘 압니다. 하지만 제가 잘 모르니까, 그리고 망설여지니까 참고하려고 의견을 묻는 건데 그런 원칙론만 말해줘봤자 고객에게는 아무 도움도 되지 않습니다. 파이낸셜 플래너를 표방할 거라면, 그리고 은행도 서비스업인 이상, 고객의 고민에 직접적으로 대답하지는 못한다 해도 이를테면 목적마다 상품의 특징을 설명해주는 정도는 서비스업으로서 당연히 해야 하는 게 아닐까요?

말이 너무 직설적이었지만, 콜센터가 더욱 개선되기를 바라는 마음에서 평소에 느꼈던 불만을 솔직하게 말씀드렸습니다.

힌트 1 X씨의 불만을 모두 밝혀 불만의 핵심을 부서에 공유하는 것이 이 과제의 목적이다. 따라서 이용할 논리 유형은 다음 도표에서 보듯이 병렬형이다.

힌트 2 X씨의 불만을 그룹핑해 결론을 직접 뒷받침하는 MECE의 근거 (도표의 2단계) 기준을 찾아낸다. X씨가 문의 전화를 건 순간부터 수화기를 내려놓기까지의 과정을 상상하면서 불만 내용을 읽어보자. 통화 흐름이 만일 A, B라는 두 가지 과정으로 나뉜다고 하면 그것이 2단계의 근거 기준이 된다.

힌트 3 만약 A, B의 두 과정으로 나뉜다고 하면 과정 A, 과정 B 각각에 대해 불만 사항을 한 번 더 MECE로 그룹핑한다. 그런 뒤에 도표 3단

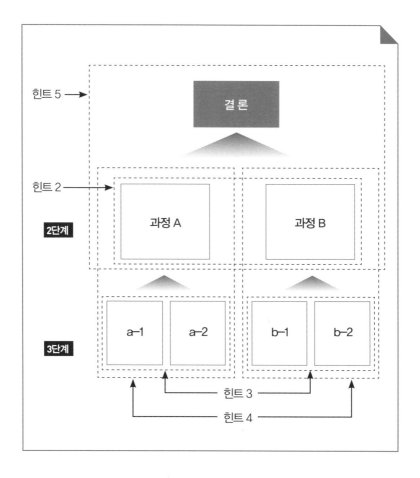

계의 근거(a-1과 a-2, b-1과 b-2) 기준이 될 관점을 찾아내 a-1, a-2, b-1, b-2를 관찰의 So What?으로 정리한다.

힌트 4 과정 A 전체, 또는 과정 B 전체에서 결국 무엇이 X씨의 불만 사항인지를 3단계의 근거(a-1과 a-2, b-1과 b-2)를 관찰의 So What?해서 정리한다. 이것이 2단계의 근거가 된다. 반대로 2단계를 Why So?의 관

점에서 재검토할 때는 확실히 So What?/Why So?의 관계가 성립되는
지 확인한다.

힌트 5 과정 A 전체, 또는 과정 B 전체에 대한 X씨의 불만(2단계의 근거)
을 So What?해서 결론을 정리한다. 또한 결론을 Why So?의 관점에서
재검토하면 2단계의 근거가 그 답변이 되는 것을 확인한다.

/ 2 /
도표를 사용해 논리적으로 설명하자

비즈니스에서는 의견을 설명할 때 도표화 자료를 이용하는 일이 많다.
도표를 사용해서 논리적으로 설명하는 데 중요한 요소는 무엇일까?

● 예 제 ●

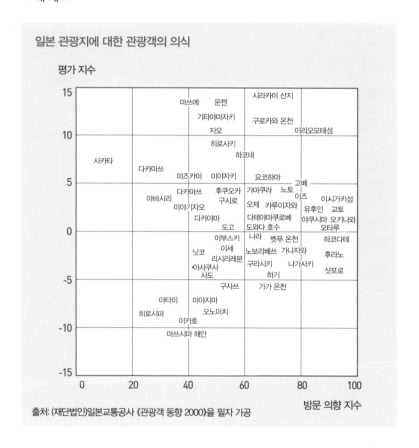

일본 관광지에 대한 관광객의 의식

출처: (재단법인)일본교통공사 《관광객 동향 2000》을 필자 가공

당신은 중학교 동창회에 참석해 오랜만에 옛 은사를 만났다. 무르익었던 분위기가 한풀 가라앉자 여전히 교편을 잡고 있는 은사가 '일본 관광지에 관한 관광객의 의식'이라는 도표 한 장을 꺼내며 이렇게 물었다.

"실은 지금 수학여행지를 선정하고 있는데 의견이 분분해서 좀처럼 결정하기가 어렵다네. 실제로는 예산이라든가 시간적인 문제로 제약도 많지만 그 문제는 차치하고 일단 자네들이라면 어디로 가고 싶은지 의견을 들려주지 않겠나?"

당신은 어떤 의견을 말하겠는가. 은사가 보여준 도표를 자료로 하여 은사가 공감할 만한 논리적인 조언을 생각해보자.

사고방식과 해답 사례

1단계. 과제를 확인하고 활용할 논리 유형을 결정한다

과제는 '중학교 수학여행을 어디로 갈까?'이다. 은사는 구체적인 여행지 후보는 물론, 왜 그곳이 좋다고 생각하는지 당신의 생각을 알고 싶어 한다. 따라서 이때는 해설형 논리 유형을 사용한다.

2단계. 해설형 사실을 생각한다

'일본 관광지에 대한 관광객의 의식'이라는 주제 자체가 해설형 사실이다. 도표의 정보에 더해, 이를테면 교토는 1000년의 역사가 흐르는 고도시며 역사적인 건축물이 많다든가 마쓰시마는 일본 3대 절경 중 하나라는 등 추가 정보를 제시할 필요조차 없이 누구나 '그것은 사실'이라고 받아들일 수 있는 범위의 정보를 사실로 한다.

3단계. 해설형 판단 기준을 생각한다

당신이 생각하는 수학여행지의 선정 기준을 제시한다. 그것이 은사에게도 수학여행지의 선정 기준으로서 타당하게 여겨져야 한다. 여러 기준을 설정할 때는 이들이 MECE 관계여야 한다는 점도 중요하다. 여기서는 '① 여행을 가기 전 ② 여행 후 ③ 여행 중'이라는 시간의 축으로 세 가지 기준을 설정했다.

> 기준 ①: 여행을 가기 전부터 기대감을 가질 수 있도록 방문 지수는 60 이상으로 한다.
>
> 기준 ②: 여행 후에 그곳에 가길 잘했다고 생각할 수 있도록 평가 지수는 10 이상으로 한다.
>
> 기준 ③: 수학여행이므로 여행 중에 교실에서는 배울 수 없는 것을 직접 체험하고 학습할 수 있어야 한다.

4단계. 해설형 판단 내용을 생각한다

3단계에서 설정한 기준 ①~③으로 상기의 사실을 평가하면 그 내용이 어떻게 될지 검토한다. 여기서는 기준 ①과 ②에 해당하지 않는 곳들을 차례로 제거하고 남은 세 곳을 기준 ③으로 평가한다. 이때 혼슈 북부 산악 지대인 시라카미 산지의 너도밤나무숲 원시림이나 오키나와현에 있는 이리오모테섬의 고유한 풍토는 새삼 특별히 자료를 제시하지 않아도 상대가 '그것은 사실'이라고 받아들일 수 있는 범위의 정보다. 중요한 것은 당신이 처음에 제시한 사실(이 경우는 도표에 표시한 관광지)이 세

● 해답 사례

과 제　중학교 수학여행을
어디로 갈까?

결 론

> 여행을 떠나기 전부터 기대가 되고 실제로 가서도 만족할 수 있
> 어야 하며 더욱이 관광 여행 이상으로 학습 효과가 풍부하다는
> 점에서 시라카미 산지나 이리오모테섬이 적합하다고 생각한다.

사실	판단 기준	판단 내용
일본의 주요 관광지를 '얼마나 가고 싶은지', '실제로 가보니, 가기 전의 기대와 비교해 얼마나 좋았는지 또는 실망했는지' 하는 점에서 평가해 이 도표와 같은 결과를 얻었다.	수학여행지로서 세 가지 사항이 중요하다. ① 모처럼 가는 것이니 여행을 가기 전부터 학생들이 기대할 수 있도록 방문 지수는 60 이상이어야 한다. ② 실제로 가보고, 그곳에 가길 잘했다는 생각이 들도록 평가 지수는 10 이상이어야 한다. ③ 단지 관광과 오락만이 아니라 교실에서 배울 수 없는 고유의 문화와 자연을 직접 체험하는 학습이 돼야 한다.	• 기준 ①에 따라 좌표면의 방문 의향 지수가 60 미만인 여행지를 제외한다. • 기준 ②에 따라 평가 지수가 10 미만인 여행지를 제외한다. • 앞선 기준들을 적용하면 남은 곳은 시라카미 산지, 구로카와 온천, 이리오모테섬이다. 이곳들을 기준 ③으로 살펴보면, 시라카미산지는 유네스코 세계유산으로 지정된 너도밤나무숲 원시림이 있고 이리오모테섬은 혼슈와는 전혀 다른 자연의 아름다움을 느낄 수 있어 훌륭한 학습 경험을 할 수 있다. 이에 비해 구로카와 온천은 결정적인 매력이 부족하다. 따라서 시라카미 산지나 이리오모테섬이 적합하다.

가지 기준에 의해 명확히 가려낸 결과가 제시돼야 한다는 점이다. 최종적으로 선정된 선택지에 대해서만 평가 내용을 준비한다면 다른 곳은 선정되지 않은 이유를 알 수 없기 때문에 설득력이 없다.

5단계. 최종적인 결론을 확인한다

판단 내용의 결과, 최종적으로 여행지를 선정한다. 그리고 '사실 → 판단 기준 → 판단 내용' 흐름에서 근거가 일관성 있게 그 결론을 뒷받침하고 있는지 확인한다.

문제 지금 신혼여행지 선택에 고민하는 커플이 있다. 예제의 '일본 관광지에 대한 관광객의 의식' 도표를 기준으로 여행지를 추천한다면 당신은 어떤 조언을 할 것인가. 조언의 내용을 논리 유형으로 정리해보자.

힌트 예제의 해결 방법 1~5단계의 순서에 따라 해설형 논리 유형을 완성해보자. 이때 신혼여행지의 선정 기준으로서 설득력 있는 판단 기준을 설정하는 것이 핵심이다.

/ 3 /

상대를 납득시키는 논리 구성 능력을 키우자

자신의 검토 결과를 논리적으로 상대에게 설명하기 위한 논리 구성을
연습해보자.

문제 알파은행 각 지점에서는 올해 상반기에 고객 서비스 강화 캠페
인을 추진하고 있다(271페이지 본부 공지 참고). 당신은 이 캠페인을 주도하
는 도쿄 중심부에 있는 롯폰기 지점의 리더다.

최근 지점에서는 캠페인의 일환으로 '고객 대응 서비스의 달인에게
배운다'는 주제로 강연회를 개최하게 됐는데 지점장이 강연자 선정과
관련해 다음과 같은 지시를 내렸다.

"강연자를 초빙해 예금 업무를 맡은 신입사원도 이해할 수 있는 쉬
운 내용의 강연을 1시간 정도 듣고 나서 간단한 질의응답 시간을 마련
하면 좋겠네. 비용은 50만 원 이하로 하게. 이 캠페인에 대해서는 본부
에서도 공지가 내려왔으니 그것 또한 참조하게. 뭐니 뭐니 해도 모두들
관심 있어 하는 사람이 좋겠지. 실시 일정은 강연자의 사정도 있을 테
니 후보를 정하고 나서 본인과 논의해보자고."

지점장은 이렇게 덧붙였다.

"너무 거창하게 생각할 필요는 없네. 지난번 사보에 소개된 산폰기

지점의 아사히 씨도 괜찮지 않을까? 말도 재미있게 하고 친분도 있으니 필요하면 내가 말해주겠네."

　정보를 모아 조사한 결과 후보자는 세 명으로 좁혀졌고 이에 당신은 그중 누구에게 강연을 의뢰할지 결정하고 그 결과를 지점장에게 보고하고자 한다. 다음 자료들을 참고한 뒤 보고 내용을 논리 유형으로 구성해보자.

- 자료 1: 본부 공지
- 자료 2~4: 후보자 세 명의 프로필

힌트 1 과제는 '후보자 세 명 가운데 누구에게 강연을 의뢰할 것인가'이다. 이 과제에 대한 답변을 상사에게 설명하는 데 이용할 논리 유형은 몇 개의 대안 중에서 가장 바람직한 선택지를 고르고 그 타당성을 설명하는 해설형(제6장 [도표 6-8]과 같은 방법 해설형이다)으로 한다.

힌트 2 사실로는 세 명의 프로필을 제시하면 된다. 그러면 판단 기준은 무엇이 될까? 지점장의 지시에서 네 가지 기준을 설정하면 될 것이다. 본부 공지에서도 기준을 찾아볼 수 있다.

힌트 3 설정한 판단 기준으로 각 후보자를 평가해보면 누가 가장 적합한가? 당신이 최적이라고 생각하는 후보자만이 아니라 모든 후보자를 각각의 기준에 비추어보고 판단 내용을 정리한다. 그렇지 않으면 지점장의 의견이 당신과 다를 경우에는 좀처럼 설득하기 어렵다.

힌트 4 누구에게 강연을 의뢰하는 것으로 결론을 내릴 것인가? '사실 →
판단 기준 → 판단 내용' 흐름에서 근거를 살펴볼 때 일관성 있게 결론
을 뒷받침하는지 확인한다.

● 자료 1: 본부 공지

본부 공지 제12-12
지점장 각위

2015년 3월 1일
본부영업 업무부장

'고객 대응 서비스 강화' 캠페인 추진에 대한 부탁의 글

금융업계에서는 콜센터나 인터넷뱅킹 등 전통적인 지점을 대신할 새로운 판매 방식이 주목받고 있습니다. 하지만 해외의 선진국 사례를 보면, 고객은 상품이 복잡해질수록 초기의 정보 수집 단계에서는 온라인의 새로운 방식을 이용하지만 상세한 정보 수집이나 최종적인 상품 가입 결정은 전통적인 대인 방식으로 합니다. 즉, 지점에서의 적절한 고객 대응 서비스 강화가 한층 중요합니다. 따라서 2015년도 상반기에는 각 지점별로 '고객 대응 서비스 강화' 캠페인을 아래와 같이 추진하시길 바랍니다.

● 목적

베테랑부터 신입 행원에 이르기까지 지점의 전원이 고객 문의에 정확하고 신속하게 답변하는 것은 물론, 고객의 진정한 니즈를 파악하고 그에 맞는 제안과 선택지를 적극적으로 제시하는 최고의 서비스 행원이 된다. 종래의 은행이란 틀에 얽매이지 말고 다양한 업계의 최고 모범 사례를 참고해 서비스 자세를 갖춘다.

● 실시 기간

2015년 4월~9월

● 실시 방법

① 각 지점마다 추진 리더를 정하고 지점의 상황에 맞춰 자유롭게 프로그램을 진행시킨다.

② 프로그램 예시는 아래의 내용을 참고한다.

...

끝.

알파은행 산폰기 지점 아사히 다로 씨

약력 1972년 4월 알파은행 입사

2005년 5월 알파은행 퇴사

2005년 6월 알파 인재 서비스에 등록된 직원으로 알파은행 산폰기 지점에서 안내 업무를 맡아 현재까지 일하고 있다.

■ 최근 약 5년 동안 산폰기 지점에 고객들이 보내온 아사히 씨에 대한 칭찬은 65건에 달한다. 'ATM 코너에서 친절한 대응, 정중한 안내, 기분 좋은 인사' 등의 좋은 평이 있으며 구체적으로는 다음과 같은 고객 의견이 접수됐다.

- 활기차게 인사를 해줘서 기분이 무척 좋다.
- 은행을 자주 이용하는데 갈 때마다 "항상 감사드립니다." 하고 인사를 한다. '내 은행' 같은 기분이 들어서 친밀감이 느껴진다.
- 아이들이 왔다 갔다 하면 매우 능숙하게 어르면서 돌봐주기 때문에 안심하고 ATM 업무를 볼 수 있어 정말 고맙다.
- 전표를 기입하다가 모르는 점이 있어 질문하면 자상하고 정확하게 알려줘서 고맙다.

■ 2009년 7월, 산폰기 해피상점가의 이용 고객을 대상으로 주최한 '기분 좋은 서비스 넘버원' 투표에서 당당히 1위로 뽑혔다.

■ 2011년 3월, 알파은행 사보 〈서비스의 철인〉 코너에 소개됐다. 아사히 씨가 근무하는 모습과 함께 '오랜 세월 알파은행에 근무하며 쌓은 지식을 최대한 활용해 한 사람의 고객이라도 기분 좋게 또한 안심하고 은행을 이용할 수 있도록 활기차게 안내하는 것이 내 신념'이라는 내용의 인터뷰가 소개됐다.

● 자료 3: 후보자 2의 프로필

호텔 인터내셔널 고문(접객 서비스 담당) 사쿠라 교스케 씨

사쿠라 교스케 씨의 저서 《서비스 정신》에서 필자의 약력과 근황을 발췌함.

약력　1955년 도쿄 출생

　　　1978년 호텔 인터내셔널 입사. 벨보이로 일을 시작해 예약, 컨시어지, 연회 업무 등을 담당. 1998년부터 접객 서비스 부장을 역임하고 2010년부터 현직을 맡아 현재에 이르렀다. 접객 서비스 부장을 맡은 다음부터 회사 전체에서 '서비스 일본 최고 운동'을 전개하고 그 진두지휘를 맡았다.

◇ 세 번 만족을 주는 '서비스 정신'

- 당장의 요구에 응한다.
- 감춰진 요구에 응한다.
- '또 오고 싶다'는 생각이 들게 한다.

이 세 가지 서비스 정신을 내걸고 구체화하기 위한 소집단 활동을 매년 철저하게 실시했다. 각 업무별 소집단 활동의 성과를 체계화해 매뉴얼을 만들고 데이터베이스화를 추진했다.

■ 2001년에는 잡지 《퓨처》의 '세계의 비즈니스맨이 선택한 호텔 100선' 서비스 부문 랭킹'에서 호텔 인터내셔널이 당당히 1위에 올랐으며 이후 그 순위를 계속 유지하고 있다.

■ 서비스 정신은 모든 비즈니스에서 통한다는 것이 사쿠라 씨의 지론이다. 현직에 근무한 이래 호텔 인터내셔널에서는 물론, 서비스 정신을 널리 알리는 것을 자신의 사명으로 여기고 서비스 정신 보급에 애쓰고 있다. 다양한 업종과 기업에서 경영진, 간부직, 일반 사원 등 폭넓은 층을 대상으로 강연을 실시하고 있는데, 호텔맨으로서의 오랜 경험을 토대로 한 강연이 현장감 넘치며, 상당히 구체적이고, 이해하기 쉽다고 정평이 나 있다.

■ 공저로 《서비스 정신을 말한다》(IT, 소매, 자동차, 관광업 등의 최고경영자와의 서비스를 둘러싼 대담집)가 있다.

● 자료 4: 후보자 3의 프로필

서비스 강사 닛코 나미코 씨

'닛코 나미코 서비스 컨설팅' 홈페이지의 일부를 캡처함.

WELCOME 닛코 나미코 서비스 컨설팅

판매원, 창구 업무 직원의 매너 교육에 오랜 세월의 실적을 보유한 닛코 나미코가 서비스 인스트럭터 창시자로서의 사명을 걸고 귀사의 고객을 만족시킬 수 있는 '정성스러운 마음'을 전수해드리겠습니다.

– 서비스의 기본은 인사로 시작하고 인사로 끝난다 –

고객을 최우선으로 여기는 마음과 밝은 웃음으로 응대하는 정중한 접객 요원. 당신의 비즈니스를 성공으로 이끄는 데 꼭 필요한 귀중한 자산입니다.

ㅇ 업무 내용: 연수, 세미나, 워크숍, 강연 등
ㅇ 비용: 강연 1시간당 80만 원(세미나, 연수 등은 3시간당 250만 원부터)
ㅇ 저서: 《감사한 마음과 함께 – 스튜어디스에서 서비스 인스트럭터로 가는 길》, 《호감을 주는 프로의 인사》, 《매너는 여자를 빛나게 한다》, 《인기남의 매너 교실》 외 다수

 상세한 내용은 여기를 클릭
 견적 요청은 여기를 클릭

mail: xxx@xxxxx.com

● 해답 용지

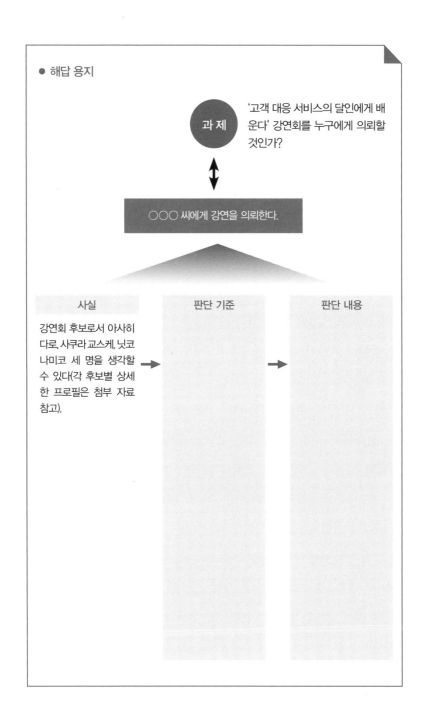

과 제 : '고객 대응 서비스의 달인에게 배운다' 강연회를 누구에게 의뢰할 것인가?

○○○ 씨에게 강연을 의뢰한다.

사실	판단 기준	판단 내용
강연회 후보로서 아사히다로, 사쿠라 교스케, 닛코 나미코 세 명을 생각할 수 있다(각 후보별 상세한 프로필은 첨부 자료 참고).		

로지컬 씽킹은 인생의 무기가 된다

필자 두 명이 로지컬 커뮤니케이션 영역에서 일을 하게 된 것은 각자 잡지와 서적의 기획 편집, 기업 내의 홍보 기획과 운영 업무를 거쳐 경영 컨설팅 회사인 맥킨지앤드컴퍼니에서 '에디팅'이라는 직무를 만나고부터다.

이 낯선 에디팅이란 대체 무엇일까. 에디팅의 대상은 컨설팅 보고서, 고객에게 상품 설명을 하는 프리젠테이션 내용, 기업 홈페이지에 게재할 사업과 실적 내용, 잡지와 서적의 원고, 그리고 비즈니스레터에 이르기까지 실로 다양하다.

에디팅 담당자들은 메시지의 전달자(쓰는 사람, 말하는 사람)가 기대하는 목적을 달성할 수 있도록 유사 독자, 유사 청중 입장에서 전달자가 준비한 내용을 듣거나 읽는다. 그리고 본래 전달받을 사람이 '옳지, 그렇군!' 하며 납득할지, 혹은 납득하지 못한다면 어느 부분을 어떻게 수정하면 좋을지의 관점에서 메시지의 논리 구성부터 언어의 표현에 이르기까지 조언과 구체적인 개선안을 제공한다.

커뮤니케이션 상대에게 메시지를 이해시키고 설득할 때 전달자가 빠질 수 있는 함정이 있는데, 이것은 당사자인 전달자에게는 좀처럼 보이지 않는다. 그래서 이해관계 없는 제3자가 객관적으로 검증함으로써 무엇 때문에 이해하기 어려운지, 어떻게 바꿔야 상대가 충분히 납득할 수 있을지 등의 실마리를 찾는 것이다. 한마디로 에디팅 서비스란 제3자 입장과 전달받는 사람의 관점에서 메시지를 검토해서 전달자가 더욱 효과적인 메시지를 구성하도록 지원하는 일이다. 이른바 전달자가 커뮤니케이션의 목적을 달성하게 하는 촉매와 같다고 할 수 있다.

우리 필자들은 소규모 특수 분야인 에디팅에서 니치 플레이어로서 오랫동안 일하고 있다. 그러면서 논리적으로 이해하기 쉬운 메시지에는 영역이나 주제를 불문하고 일정한 법칙성과 핵심이 있다는 사실을 알게 됐다. 이 책에서 소개한 논리적으로 생각하고 구성하는 기술은 이런 법칙성과 지금껏 축적한 에디팅 기법을 모아 체계화한 것이다. 자신이 쓴 글이나 이야기하는 내용의 난이도와 논리성을 스스로 확인하고 개선할 수 있는 능력, 즉 셀프 에디팅은 뛰어난 커뮤니케이터가 되는 데 꼭 필요한 기법이지만 도구가 필요하다. 이 책이 셀프 에디팅의 도구이자 길잡이가 된다면 정말로 기쁠 것이다.

또한 이 기술은 비즈니스 영역에서 탄생했으나 학습이나 연구의 장은 물론 일상생활과 인생에도 크게 도움이 되리라 생각한다. 살아가다 보면 수많은 상황에서 깊은 고민에 빠지기도 하고 기로에 서서 어느 한쪽 길을 선택하도록 종용받기도 한다. 이럴 때 꽉 막힌 머릿속을 MECE로 정리하거나, 혹은 자신의 생활과 인생에서 결코 양보할 수 없는 기준을 떠올려 눈앞에 놓인 몇몇 선택지들에 우선순위를 매겨보길 바란다. 조금 과장되게 말하자면 이 책의 기술은 인생을 셀프 에디팅하는 도구로서도 활용할 수 있다고 믿는다.

이 책은 많은 사람들의 도움으로 태어났다. 로지컬 커뮤니케이션 기법을 개발하고 트레이닝 세미나를 진행하는 가운데서 만난 여러 비즈니스의 최전선에서 활약하는 사람들로부터 커뮤니케이션에 대한 솔직한 문제의식과 고민, 또한 실천이라는 견지에서 소중한 지적과 제안을 많이 받았다. 그 하나하나가 집필의 원동력과 격려가 됐다.

또한 맥킨지앤드컴퍼니와 전현직 구성원들 덕분에 에디팅이라는 독특한 업무를 만나고 일할 기회를 얻었다. 그중 일본지사장인 히라노 마사오 씨, 에디팅 서비스의 슈퍼바이저인 가도나가 소노스케 씨, 책의 형태로 만드는 길을 열어준 혼다 게이코 씨가 출판을 격려해주었다. 특히 현재 주식회사 니후코 부사장인 지쿠사 다다아키 씨는 전前 맥킨지앤드컴퍼니의 디렉터 시절에 에디팅 서비스를 일본지사에서 창설한 분으로 서비스와 관련해 큰 지원을 받았다. 아사히신문 편집위원을 역임하고 우리의 선배로서 에디팅 서비스의 초창기에 힘써준 도네다치 마사히사 씨에게도 항상 많은 조언과 격려를 받았다.

그리고 동양경제신보사 출판국의 고지마 신이치 씨와 미즈노 잇세이 씨에게는 기획 단계부터 진행 관리에 이르기까지 적잖이 신세를 졌다. 모든 분에게 진심으로 감사 말씀을 드린다.

마지막으로 이 책의 집필은 가족의 전폭적인 지지와 이해가 있었기에 가능했다. 이 책의 내용은 소소하고 자주적인 프로젝트로서 논의와

실험을 거듭하면서 정리해왔다. 그 과정에서 시행착오를 겪으며 난관에 부딪친 적도 많았지만 끝까지 너그러운 마음으로 지켜봐준, 이 활동의 가장 소중한 이해자였던 각자의 배우자에게 진심으로 감사한다.

데루야 하나코, 오카다 게이코

LOGICAL
THINKING